**십대가 묻고
경제학자가 답하다**

경제학은 배워서 어디에 쓰나요?

십 대가 묻고 경제학자가 답하다
경제학은 배워서 어디에 쓰나요?

초판 1쇄 펴냄 2015년 7월 31일
　　6쇄 펴냄 2021년 12월 27일

지은이 진선여고 경제경영동아리 JUST

펴낸이 고영은 박미숙
펴낸곳 뜨인돌출판(주) | 출판등록 1994.10.11.(제406-251002011000185호)
주소 10881 경기도 파주시 회동길 337-9
홈페이지 www.ddstone.com | 블로그 blog.naver.com/ddstone1994
페이스북 www.facebook.com/ddstone1994 | 인스타그램 @ddstone_books
대표전화 02-337-5252 | 팩스 031-947-5868

ISBN 978-89-5807-583-7 03300

십 대가 묻고
경제학자가 답하다

경제학은
배워서
어디에 쓰나요?

진선여고 경제경영동아리 JUST 지음

뜨인돌

차례

3부   경제는 누가 움직이나요?

도전! 거시경제학

4부   한류도 경제학으로 설명이 되나요?

무역, FTA 그리고 IMF

경제학은 가르치기도 배우기도 매우 어려운 과목입니다. 그래서인지 수능에서 경제 교과를 선택하는 고등학생은 많지 않습니다. 많은 학생들이 경제, 경영 전공에 관심이 많지만, 정작 배우기 시작하면 처음의 의지는 간데없고 어려움을 호소하는 학생들이 대부분입니다.

무언가를 배우는 일은 쉽지 않습니다. 누군가를 알아 가는 과정처럼요. 상대방에 대해 관심이 있어야 말도 걸 수 있고 소통이 가능하잖아요. 경제학도 마찬가지입니다. 무턱대고 내 스타일이 아니라고 하기 전에 경제학의 성격이 어떤지, 어떤 과정을 거쳐 발전을 해 왔는지 관심을 가진다면 조금은 쉽게 접근할 수 있을 거예요.

경제학은 논리적인 학문입니다. 단순한 암기 과목이 아니에요. 암기 과목인 줄 알고 공부하다가 배신감을 느끼는 학생들이 엄청 많더라고요. 논리적이라는 말을 오해해서 지레 겁을 먹는 학생들이 있을 수도 있겠네요. 논리적이라는 건 학문의 원리와 구조가 정확하게 드러나는 걸 말합니다. 그러니까 경제학의 원리와 구조를 알면 많은 문제들이 저절로 풀린다고도 볼 수 있습니다. 어떻게 보면 암기 과목보다 훨씬 더 재미있게 공부할 수 있는 가능성이 있어요. 때로는 통계나 그래프 같은 것들이 나와서 곤혹스럽기도 하죠? 수학 같기도 하고요. 그런데 경제학을 제대로 배우다 보면 수학을 왜 배워야 하는지를 깨닫는 순간이 옵니다. 경제학이 현실과 밀접하게 연관이 되어 있기 때문에, 경제학을 공부하다 보면 이론에 갇힌 수학이 아니라 실생활에 활용이 가능한 수학을 접할 수도 있습니다.

이 책은 진선여고 학생들이 경제경영동아리 'JUST' 활동을 통해 좀더 쉽고 재미있게 그리고 현실적으로 경제학에 접근해 보려고 시도한 결과물입니다. 여러 방법을 놓고 고민을 하다가 학생들이 경제학에 대해 궁금한 것들을 질문하고, 경제학 교수님이 답변해 주시는 방법을 선택했습니다. 아는 척하지 않고, 궁금한 건 솔직하게 다 털어놓자는 게 우리가 추구하는 질문의 방향이었습니다. 그래서 배가 산으로 갈 때도 있었지만, 보편적인 대한민국 고등학생들의 솔직한 질문을 통해 뜻하지 않은 신선하고 창의적인 결과물이 나온 것 같아 뿌듯한 마음이 듭니다. 이 책을 통해 경제학에 씌워진 억울한(!) 오해와 편견이 벗겨지고, 많은 학생들이 자연스럽게 경제 뉴스와 기사를 접하고, 수준 높은 경제 토론이 벌어지는 그날을 기대해 봅니다.

이 책이 나오기까지 고생하고, 여러 면에서 많이 성장한 진선여고 경제경영동아리 JUST 멤버들에게 격려와 축하의 말을 전하고 싶습니다. 그중에서도 2학년으로 활동을 주도한 김명선, 김수빈, 김채린, 박소은, 서윤재, 소서현, 안지영, 정다영, 최소영 학생이 이 책의 1차 저자라고 할 수 있습니다. 이 책이 완성되기까지는 많은 전문가들의 도움이 필요했습니다. 이 프로젝트에 관심을 가지고 학생들의 글을 가공하여 좋은 책으로 만들어 주신 뜨인돌출판과 이 기획을 시작하고 끝까지 신경을 써 주신 권현준 선생님께 감사를 드립니다. 그리고 고등학생 눈높이에 맞춰 답변해 주시고 어려운 경제학을 재미있는 사례를 들어 쉽게 풀어 주신 덕성여자대학교 박형준 교수님(경제교육), 코네티컷 칼리지 박용준 교수님(미시경제학), 대구대학교 안현효 교수님(경제교육), 경희대학교 박복영 교수님(국제경제학)께 감사를 드립니다.

진선여고 경제경영동아리 JUST 지도교사
정미영

경제학이 어렵다는
느낌적인 느낌에 대하여

수능 사탐 영역에서 「경제」 선택하고 싶은 사람?

●――

아마 거의 없을걸요. 「경제」는 너무 어려워요. 사실 저도 경포자
였어요. 어쩌다 경제동아리에 들어왔는지는 모르겠지만요.

●――

구체적으로 어떤 게 어려워요?

●――

수학도 아니면서 숫자가 막 나오니까 어렵게 느껴져요. 그래프는
왜 그렇게 많이 나오는지…. '경제'라는 말 자체도 너무 딱딱하구
요. 그래서 수능에서도 피하고 싶은 것 같아요.

●――

그럼 경제학과에 가고 싶은 학생도 많지 않겠군요. 나 같은 경제학과 교수는 다른 일을 찾아봐야겠는데요.

• — —

그건 아닐걸요. 경제학과나 경영학과에 가고 싶어 하는 친구들은 되게 많아요.

• — —

이상하네. 수능에서「경제」를 선택하는 학생은 많지 않은데, 경제학과에 가고 싶어 하는 학생은 많다구요?

• — —

「경제」가 어려운 과목이라 수능에서는 선택하지 않지만, 경제학과에 가는 건 다른 문제인 것 같아요. 경제학과를 졸업하면, 취업이 잘된다고 생각하는 아이들이 많아요.

• — —

영리한 판단이군요. 실제로 경제학이라는 분야는 사회 곳곳에서 활용되기 때문에 취업과 연관성이 높을 수밖에 없어요. 경제학을 미리 공부해 두면 쓸모가 있긴 하겠네요. 영어를 전공하고 싶은 학생이 고등학교 때부터 영어 공부를 많이 해 두는 것처럼요.

• — —

하지만「경제」까지 공부하기엔 지금 공부해야 할 게 너무 많아요. 그리고 아무리 취업과 연결해서 생각해 보려고 해도 경제, 경제학은 뭔가 어려워요. 복잡한 이야기도 많이 나오고, 개념도 어려운 것 같고, 수학 문제 같기도 하구요.

●——

경제학 교수가 되어 가장 많이 듣는 이야기가 경제학이 어렵다는 거예요. 여러분만 어려워하는 건 아니니까 걱정할 필요 없어요. 그런데 이상한 건 경제학이 어렵다고 말은 하는데, 뭐가 어렵냐고 되물으면 정확하게 대답하는 사람이 많지 않다는 거예요. 어쩌면 명확한 실체 없이 '경제학은 어렵다'라는 이미지만 갖고 있는 건지도 몰라요. TV에 나오는 경제학자들이 어려운 말을 많이 쓰는 영향도 있겠구요.

여러분은 고등학생이니까, 경제학이 어려운 건 당연해요. 아직 제대로 경제학을 배운 적이 없고, 여러분이 아직 경제의 본격적인 주체가 아니기 때문에 경제의 실체를 실감하기가 어려운 거죠.

예를 들어 설명해 볼게요. 여러분은 좋아하는 아이돌 가수와 그들의 음악에 대해 아마 잘 알고 있을 겁니다. 모르긴 몰라도 아이돌에 대한 칼럼을 쓰라고 하면, 전 세계에서 여러분만큼 잘 쓰기 힘들걸요. 비꼬려는 게 아니에요. 여러분은 한국 대중문화 전문가라고 할 수 있습니다. 왜냐하면 아이돌에 대한 정보를 엄청나게 많이 접하기 때문이죠.

반면 경제학은 어떤가요. 일단 경제와 관련해서 여러분이 '실제로 접할 수 있는 부분'이 그렇게 많지 않을 거예요. 대부분 부모님께 용돈을 타거나, 단기로 아르바이트를 해서 용돈을 마련할 겁니다. 본격적으로 돈을 버는 친구들도 있겠지만, 많지 않을 거예요. 경제가 돌아가는 현장을 경험하기 힘들죠.

돈을 벌고 쓰는 어른들의 경우, 경제 현장에 대한 감은 있어요. 부동산 가격이 이렇고, 아파트 가격이 저렇고…. 이런 변화에 민감하죠. 하지만 어른이라고 해서 '경제학'을 실제로 접할 기회가 많은 건 아니에요. 대부분 정해진 일을 하고, 정해진 월급을 받고, 거의 정해진 곳에 돈을 쓰니까요. 경제학은 개인부터 정부까지, 아이스크림 하나 사는 것부터 국제 무역까지 그 범위가 엄청 넓어요. 다루는 문제도 다양하구요. 그래서 어른들도 대부분 경제학은 어렵다고 말합니다.

결론적으로 경제학은 어려운 게 맞아요. 인정합시다, 우리. 인정하면 쿨하게 질문을 던질 수 있어요. 모르는 게 나오면 당당하게 질문하세요. 그 질문에 답하는 게 경제학자의 의무니까요.

•——

교수님이 어렵다고 하니까 공부해 볼 엄두가 더 안 나는데요.

•——

아, 이런…. 그럼 먼저 경제학의 뜻을 간단하게 살펴보고 가는 게 좋겠네요. 경제학은 외국에서 시작된 학문이에요. 이코노믹스(Economics)를 번역한 것이 경제학입니다. 이 학문은 유럽에서 만들어졌고 동아시아에서는 일본 사람들이 가장 먼저 받아들였다고 할 수 있습니다. 일본 사람들이 이코노미(economy)를 '경제'라고 번역했고, 우리는 그걸 그대로 도입했죠.

경제는 경세제민(經世濟民)이라는 사자성어를 줄인 말입니다. '세상을 경영하여 백성을 구한다'는 뜻인데, 여기서 '경' 자와 '제' 자만 꺼내서 만든 거죠. 유럽의 이코노믹스를 받아들인 사람들은 일본의 귀족들이었겠죠? 이들은 아마도 이렇게 생각했던 모양입니다. '유럽의 문물을 받아들여 국가를 발전시켜야 일본 백성들이 잘살 수 있을 것이다. 그런데 이코노믹스는 사람들이 풍요롭게 살 수 있도록 돕는 학문이니 국가를 잘 다스려 백성들을 편하게 해 주자는 뜻과 가장 관계가 깊은 경세제민을 줄여서 쓰자!'

그렇다면 경제학의 원어인 이코노믹스의 어원에 대해서도 잠깐 살펴볼까요? 고대 그리스 어에 오이코스(Oikos)라는 말이 있어요. 가족, 가정 정도로 번역할 수 있는데, 여기에 '관리하다'라는 뜻의 노미아(nomia)를 붙이면, 가족과 가정의 살림을 잘 돌본다는 뜻의 오이코노미아(Oikonomia)라는 말이 됩니다. 이코노믹스는 여기서 유래한 말이에요. 지금도 그렇지만, 고대 그리스 사회의 기본 단위는 가족이었어요. 성인 남성은 아내, 자녀, 노예들을 잘 먹여 살릴 의무가 있었습니다. 그러니까 이코노믹스의 어원은 잘 먹고 잘사는 법이라는 뜻이죠. 한자어의 의미와 크게 다르지 않네요.

이렇게 경제학의 어원을 살펴보니까 경제학이 조금 만만해 보이지 않나요?

•– –

그렇긴 한데 지금 말씀해 주신 게 경제학의 전부는 아니잖아요. 그리고 뭔가 현실적으로 다가오는 부분이 없어요.

•– –

그럼 경제학이 엄청나게 현실적이라는 이야기를 해 주어야겠군요. 유니클로에 가 본 적 있죠? 저도 유니클로에 자주 가는데, 작년에 산 '후리스'가 정말 좋더라고요. 그 녀석이 없었다면 추운 겨울 고생을 많이 했을 거예요. 겨울이 되기 직전에 유니클로 매장에 가면 후리스를 할인 판매합니다. 보통 2만 원 대에 팔아요. 싼 편이죠.

저는 햄버거를 좋아합니다. 버거킹을 특히 좋아하는데, 좀 든든하게 먹어야겠다 싶으면 베이컨치즈갈릭스테이크 세트를 먹습니다. 친구 것까지 두 개를 사면 2만 원이 훌쩍 넘어가요. 그러니까 뱃속으로 들어가 사라지는 햄버거 두 개 값과 한겨울을 따뜻하게 해 줄 옷 한 벌의 값이 비슷한 거죠. 우리는 햄버거 두 개 값이면, 몇 년 동안 따뜻하게 입을 수 있는 겨울옷을 살 수 있어요. 유니클로 후리스의 값이 너무 싼 거 아닌가요? 그렇다면 유니클로는 어떻게 이런 싼값에 옷을 만들어서 팔 수 있는 걸까요?

•——

　중국이나 베트남에서 싼 노동력을 이용해 대량으로 만들면 되지 않을까요?

•——

간단하지만 정확한 대답이죠. 그런데 그 대답 안에는 여러 가지 경제학 이론이 담겨 있어요.

•——

　그 안에 경제학 이론이 있다구요? 그냥 상식 아닌가요, 교수님?

상식이라니요. 엄청난 경제학적 비밀을 담고 있는 이야기인데요. 중국이나 베트남의 싼 인력을 동원하면 싼값에 물건을 만들 수 있다고 했습니다. 이건 경제학에서 말하는 '무역'에 대한 이야기예요. 무역은 사람들이 서로 물건을 사고팔거나 교환하는 일을 말하죠. 무역을 하려면 돈이 필요하니까 자기 나라 돈과 다른 나라 돈의 교환 비율을 말하는 '환율' 이야기가 나올 겁니다. 대량으로 만들면 싸진다는 것은 '규모의 경제' 같은 경제학 이론을 담고 있구요. 개념들이 어렵지만 나중에 다 설명해 줄 테니 걱정 안 해도 됩니다.

중요한 건 물건이 만들어지고, 이동하고, 여러분의 손에 들어오기까지 이 모든 과정이 다 경제학으로 설명이 된다는 점입니다. 유니클로 후리스는 햄버거 두 개 값인데 명품 티셔츠 한 장이 최신 스마트폰 한 대 값인 이유, 지구 반대편에 있는 아르헨티나산 오징어를 한 마리 1,000원에 살 수 있는 이유, 모두 경제학으로 설명이 가능하죠.

교수님의 이야기를 듣다 보니 궁금한 것들이 많아져요. 그럼 이제부터 그런 이유들을 전부 설명해 주시는 거예요?

처음부터 너무 많은 걸 알려고 하면 체할 수도 있으니 천천히 기본부터 시작해 봅시다. 여러분의 생각의 방향을 경제학에다 맞추는 훈련을 하는 겁니다. 경제학적으로 생각하는 법에 익숙해지면 세상에 숨은 많은 이치들을 여러분 스스로 캐낼 수 있게 될 겁니다. 조금 과장을 섞어서 말하면 세상은 기승전경제학(!)이에요. 경제학으로 설명할 수 있는 일들이 얼마나 많다구요. 하지만 처음부터 경제학의 바다에 푹 빠져서 헤엄을 칠 수는 없어요. 차가운 바닷물 속에서 허우적대다가 바다 트라우마가 생길지도 모릅니다. 그러니까 천천히 해 봅시다. 일단 경제학의 바다로 나가 발가락부터 담가 보는 겁니다. 그러다 보면 어느새 경제학의 온도와 나의 온도가 같아지는 순간이 찾아오고 그때부터 조금씩 경제학의 바다에 빠져 헤엄칠 수 있을 겁니다. 그럼 출발해 볼까요?

1부

경제학이 뭔가요?

시장과 가격, 화폐의 원리만 알고 가자!

교실에서
가장 좋은 자리를
돈을 받고 판다면?

경제학하면 무슨 개념이 가장 먼저 떠오르나요?

●--

　　'보이지 않는 손'이 떠올라요. 시험에 자주 나오는데, 설명을 하라
　　고 하면 어떻게 해야 할지 잘 모르겠어요.

●--

'보이지 않는 손'이란 시장에서 형성된 가격이 수요와 공급을 자동적으
로 조절해서 자원을 가장 효율적으로 배분해 주는 기능을 비유한 말입
니다. 사실 교과서에 나오는 개념들에 대해서만 확실히 알고 있어도
세상 사는 게 좀 쉬워집니다. 교과서에 낙서만 하지 말고, 그 속에 나오
는 개념들을 끈질기게 붙들고 늘어지면 어느 순간부터 개념들이 사슬
처럼 엮여 이해가 되기 시작할 거예요.

상품이 거래되는 곳을 우리는 '시장'이라고 부릅니다. 시장이 하는 일은 상품을 팔려는 사람과 사려고 하는 사람이 만나서, 필요한 것들을 바꾸는 것이라고 할 수 있습니다. 물건을 사고판다는 것을 조금 어렵게 말하면 상품이 교환된다고 하고, 상품이 교환된다는 것을 다르게 표현하면 자원이 배분된다고 할 수 있어요. 그러니까 교과서적으로 말하면 '시장은 자원 배분의 기능을 한다'라고 할 수 있을 겁니다. 어디 가서 이렇게 말하면 좀 똑똑해 보이겠죠? 그런데 시장은 어떤 방식으로 자원을 배분할까요?

•——

　　보이지 않는 손에 대해서 이야기하고 있으니까, 보이지 않는 손이
　　알아서 배분하는 건가요?

•——

보이지 않는 손이 배분을 하건, 보이는 손이 배분을 하건 중요한 것은 '어떻게'입니다. 예를 들어 봅시다. 교실에서 학생들이 앉는 자리를 자원이라고 합시다. 선생님 시야에서 벗어나 있으면서도 따뜻한 자리와 선생님 눈에 제대로 들어오는데 추운 자리가 있다고 해 보죠. 당연히 전자가 좋은 자리, 후자가 나쁜 자리겠죠? 다르게 말하면 좋은 자원과 나쁜 자원이라고 할 수 있을 겁니다. 우리 반 모든 학생들이 좋은 자리에 앉고 싶어 하지만, 모두에게 그 자리를 줄 수는 없습니다. 어떻게 하면 될까요?

•——

아침에 일찍 오는 순서대로 앉는 것이 제일 공평할 것 같아요.

●──

맞아요. 선착순이라는 배분 방식이 있겠죠. 아침에 일찍 오는 사람이 좋아하는 자리에 앉는 방법이에요. 유럽 사람들이 북아메리카 대륙에 처음 도착했을 때, 인디언이라는 원주민들이 살고 있었습니다. 그런데 인디언들은 그 땅을 이용하기만 했지 소유하지는 않았어요. 그래서 유럽 사람들은 인디언들을 쫓아내고 땅을 나누어 갖기로 했죠. 문제는 나누어 가지는 방법이었는데요. 땅 주인이 없으니 돈을 내고 살 수도 없잖아요. 그래서 말을 타고 달려서 도착한 곳까지의 땅을 가지는 것으로 정했다고 하죠. 먼저 그 땅에 깃발을 꽂는 사람이 주인이 되는 겁니다. 요즘에도 비슷한 예를 찾을 수 있습니다. 최신 스마트폰 출시 일에 맞춰 매장 앞에서 밤새 기다리는 사람들이 있잖아요. 먼저 가서 줄을 서는 사람이 최신 스마트폰을 빨리 손에 넣을 수 있기 때문에 그 고생을 마다하지 않는 거죠. 이런 게 선착순으로 자원이 배분되는 방식이에요.

추첨을 할 수도 있겠죠? 제비뽑기를 해서 자리를 정할 수도 있어요. 복권이 이런 방식일 겁니다. 복권은 우연히 걸리는 몇 사람에게 큰돈을 몰아주는 방식이죠.

나이가 많은 순서대로 하는 건 어떨까요? 예를 들어 우리나라에서는 만 65세 이상이 되면 지하철을 무료로 탈 수 있어요. 반대로 나이가 어린 순으로 자원을 배분할 수도 있죠. 이렇게 자원을 배분하는 방식은

아이폰 출시일의 풍경(좌)과 복권 추첨 장면(우). 자원을 배분하는 대표적인 방식들이다.

다양합니다. 시장은 그런 방식 가운데 하나인 거죠. 자, 그럼 다시 돌아가서 시장은 뭘 가지고 자원을 배분할까요?

● ‒ ‒

　돈이요.

● ‒ ‒

간단하지만, 정확한 답이네요. 그런데 돈으로 교실의 자리를 배분한다면 어떻게 해야 할까요?

● ‒ ‒

　선생님이 자리에다 값을 매겨서 자리를 팔면 될 것 같은데요. 그
　럼 돈을 가장 많이 내는 사람이 그 자리를 살 테고, 그 자리를 살
　돈이 없는 사람은 불편한 자리에 앉게 되겠네요.

● ‒ ‒

그렇죠. 자리에다 돈으로 값을 매겼다면 그게 바로 가격이에요. 상품

의 가치를 화폐단위로 표시한 거죠. 실제로 많은 자원이 이렇게 돈을 통해 시장에서 배분됩니다. 다른 방법에 비해 불공평해 보이기도 하고, 억울한 느낌이 더 강하게 들기도 하는데, 왜 우리는 이 방법을 쓰는 걸까요?

•——

편리해서 그럴까요? 다른 방법에 비해 간단하니까요.

•——

맞아요. 프리드리히 하이에크라는 오스트리아 출신 경제학자가 있어요. 정확하게 말하면 경제학자라기보다 사상가에 가깝죠. 그가 쓴 『노예의 길』이라는 책이 있는데, 꼭 한번 읽어 보세요. 경제학은 물론이고, 우리가 살고 있는 자본주의 사회에 대해서 많은 것을 알려 주는 책이에요. 하이에크는 시장과 돈, 그러니까 '보이지 않는 손으로서의 가격'을 이렇게 설명해요. "시장가격은 우리가 계산할 수 없는 수없이 많은 정보를 아주 단순하게 표현해 주기 때문에 중요하다." 무슨 말인지 좀 더 자세하게 살펴볼까요?

교실에는 좋은 자리와 불편한 자리가 있습니다. 원하는 사람에 비해 좋은 자리의 수가 적기 때문에, 모두 좋은 자리에 앉을 수는 없어요. 그래서 누가 좋은 자리에 앉을지 결정해야 합니다. A라는 학생은 좋은 자리에 앉고 싶어서 안달이 났습니다. 반대로 B라는 학생은 좋은 자리에 앉고 싶기는 하지만, 꼭 거기에 앉아야 하는 건 아니에요. 아마 반 학생들 모두 이렇게 조금씩 생각이 다를 겁니다. 그런데 이렇게 천차만별

"시장가격은 우리가 계산할 수 없는 수없이 많은 정보를 아주 단순하게 표현해 주기 때문에 중요하다"라고 주장했던 오스트리아 사상가 프리드리히 하이에크.

인 욕구의 정도를 정확하게 측정할 수 있는 방법이 있을까요?

●——

서로 자신이 앉고 싶은 자리에 대해 이야기를 해 보면 어떨까요?

●——

그런 방법도 있겠죠. 하지만 그렇게 되면 말을 잘하는 학생이 좀 더 유리할 거예요. 어떤 방식이든 문제가 있기 마련이에요. 그래서 깔끔하게 돈으로 해결하는 겁니다. 좋은 자리를 시장에 내놓습니다. 그러면 반 친구들이 저마다 좋은 자리에 지불하려는 액수를 말하겠죠? 좋은 자리를 원하는 추상적인 마음이 구체적인 돈의 액수로 표현되는 순간입니다. A라는 학생은 5만 원을 내고 사겠다고 하고, B라는 학생은 1만 원이면 된다고 하네요. A학생이 B학생보다 더 간절하게 좋은 자리를 원하고 있군요. 그럼 A학생이 그 자리에 앉았을 때 만족감이 더 높겠죠? 가격은 이렇게 그 자리를 더 필요로 하는 학생이 누구인지 알려 주는 동시에, 그 사람에게 자리가 돌아갈 수 있게 도와줍니다. 매우 효율적이지 않나요? 실제로 영화관이나 야구장은 좌석에 따라 가격이 다르잖아요. 좋은 자리에 앉고 싶으면 돈을 많이 내면 되는 거죠.

가격은 추상적인 욕망과 가치를 구체적으로 보여 줄 수 있게 해 줍니다. 우리가 어떤 물건을 얼마나 간절히 원하는지를 보여 주는 거죠. 뿐만 아닙니다. 가격은 시장에서 사람들의 선호를 구체적으로 표현할 수 있게 한다는 장점도 있어요.

가격은 복잡한 내용을
간단하게 정리한,
유용한 정보다

음, 가격을 통해 소비자의 선호가 표현된다는 게 무슨 뜻인지 모르겠어요.

●--

선호라는 건 여러 대상들 중 하나를 특별히 가려서 좋아한다는 뜻이에요. 가령 어떤 회사에서 최신형 스마트폰을 출시했다고 합시다. 그 회사에선 신제품에 최첨단 기능들을 넣었어요. 그 기술을 개발하기 위해서 많은 시간과 노력이 들어갔고요. 자신 있게 100만 원에 판매를 시작합니다.

그런데 이상하게 잘 안 팔리는 거예요. 창고에서 썩힐 수는 없으니까 어쩔 수 없이 가격을 내립니다. 90만 원! 그래도 수요가 없어서 다시 80만 원! 결국 이전 모델보다 약간 비싼 70만 원까지 가격이 내려가니

그제야 사람들이 사기 시작했어요. 그러니까, 그 스마트폰의 적정 가격은 100만 원이 아니라 70만 원이었던 거지요.

이렇게 수요와 공급의 변동에 따라 시장에서 탄력적으로 결정되는 가격을 '시장가격'이라고 불러요. 옛 사회주의 국가들에서 실시했던 계획경제 체제에서는 상품의 가격을 정부나 공급자가 일방적으로 결정했지요. 하지만 시장가격의 원리가 적용되는 시장경제 체제에서는 소비자들의 의견이 가격에 적극적으로 반영될 수 있습니다. 소비자들이 중요하게 생각했던 건 최신 기능의 고가품이 아니라 적당한 기능의 적당한 가격이었던 거죠. 그와 같은 소비자의 선호가 '70만 원'이라는 시장가격을 통해 표현되는 거예요. 꽤 합리적인 방법이죠.

●——

교수님, 그러면 가격이 '보이지 않는 손'인가요?

●——

자, 다시 '보이지 않는 손' 이야기로 자연스럽게 넘어가는군요. 경제학의 조상이라고 할 수 있는 애덤 스미스에 대한 이야기가 나오면 '보이지 않는 손'이 늘 따라다닙니다. '보이지 않는 손'이 그의 책『국부론』에 나오는 이야기거든요. 그런데 사실 그 책에는 '보이지 않는 손'에 대한 내용이 딱 한 줄 나와요. 일종의 비유로 한 말이었는데 후대 사람들이 많이 인용하다 보니 유명해진 거죠.

하루하루 살아가려면 여러 자원이 필요합니다. 먹을 것, 입을 것, 살 집, 공부할 책, 통학할 수 있는 버스···. 우리는 매일 무언가를 소비하면서 살아요. 무언가를 소비한다는 건 우리에게 자원이 배분된다는 걸 말해요. 앞서 말했던 교실에서 자리를 정하는 것도 마찬가지로 자원을 어떻게 나누어서 쓸 것인가의 문제를 담고 있어요. 사람들에게 자원이 나눠져야 하는데, 선착순으로 하든, 제비뽑기를 하든, 권력을 가진 사람들이 나서서 나누든 할 겁니다. 그런데 애덤 스미스가 보기에 시장에서 자원이 기가 막히게 잘 나눠지는 거예요.

빵을 한번 볼까요. 빵을 만들려면 오븐과 제빵사가 있어야 하고, 밀가루도 필요하고 밀을 밀가루로 만들 방앗간도 있어야 합니다. 물론 밀 농사를 짓는 농부도 있어야겠죠. 생각해 보면 빵 하나를 만들려면 엄청나게 많은 것들이 필요합니다. 그리고 이 모든 과정이 잘 관리되어야 빵이 만들어져서 사람들 식탁에 오를 수 있어요. 그런데 애덤 스미스가 보니 시장에서는 이게 착착 돌아가는 거예요. 누가 시킨 것도 아닌데 농부들이 밀 농사를 짓고, 방앗간 주인은 그 밀을 사다가 밀가루를 만들고, 그걸 제빵사가 사다가 빵을 만들고, 그 빵을 상인이 사다가 손님들에게 파는 거죠. 아무도 시킨 적이 없는데 일을 하고, 심지어 자기가 만든 밀이 누구 입으로 들어가는지 신경도 안 쓰는데, 신기하게 착착 돌아가는 거예요.

시장에서 사람들이 돈을 벌기 위해 서로 다른 일을 자유롭게 하는데, 그 일들이 조화롭게 연결되어 사람들에게 필요한 물건들을 만들어 내는 거죠. 이걸 조금 어려운 말로 하면 '시장을 통해 분권화된 자원 배분이 일어난다'고 합니다. 마치 눈에 보이지 않는 신이 이 모든 일을 조정하고 관리하는 것 같다고 해서 '보이지 않는 손'이라는 비유적인 표현을 쓴 거구요. 좀 멋있는 말이죠. 그래서 경제학자들이 나중에 이 표현을 인용했고, 지금까지도 쓰고 있는 거예요.

●——

　시장과 가격의 관계가 굉장히 밀접하네요. 이전엔 잘 몰랐어요.

●——

맞아요. 시장에서는 여러 가지 자원들이 나누어져요. 그리고 그 기준은 가격이죠. 사람들이 많이 찾는데 수량이 많지 않은 물건은 가격이 높을까요? 낮을까요?

●——

　높아요.

●——

맞아요. 그러면 그 물건이 더 필요한 사람이 더 많은 돈을 내고 사 갈 거예요. 그러니까 시장가격은 누군가에게 무엇이 얼마나 필요한가에 대한 정보를 매우 효율적으로 보여 주는 역할을 한다고 할 수 있어요.

　아까 나왔던 망해 버린 최신형 스마트폰 이야기를 다시 해 봅시다. 스마트폰에는 수많은 부품과 기술이 들어가요. 부품은 돈을 주고 사온 거니 얼마가 들었는지 알 수 있어요. 그런데 기술의 값은 어떻게 계산해야 할까요? 스마트폰을 설계하는 기술, 조립하는 기술, 스마트폰에 이름을 붙이고 사람들에게 홍보하는 기술, 이런 것들은 얼마의 가치가 있을까요? 사실 정확히 알기가 어렵습니다. 그런데 재미있게도 스마트폰의 시장가격이 정해지면, 이런 기술들의 가치를 거꾸로 계산할 수 있어요.

스마트폰을 500원짜리 동전 크기로 만드는 기술과 충전기 없이 저절로 충전이 되는 기술이 있다고 해 봐요. 둘 다 어마어마한 기술이 들어가겠죠. 그런데 500원짜리 동전 크기로 만든 스마트폰은 사람들이 많이 찾지 않았고 망했어요. 반대로 자가 충전되는 스마트폰은 줄을 서서 사 갑니다. 대박이 났어요. 그럼 사람들이 더 필요로 하는 기술은 스마트폰을 작게 만드는 기술이 아니라 자가 충전되는 기술인 거죠. 사람들이 많이 필요로 할수록 값어치가 높아집니다. 추상적인 기술들의 가치는 사람들의 선호에 따라 정해지는 경우가 많아요. 물론 이런 공식이 항상 맞는 것은 아니지만, 제법 정확하게 맞아 들어가요.

하지만 교실의 자리는 기술이 아니잖아요. 이 경우는 선착순으로 앉는 게 공평해 보이긴 해요.

그렇죠? 교실에서 앉는 자리를 돈으로 사고파는 건, 좀 그러네요. 사실 의사결정을 돈으로만 하다 보면 큰 부작용을 낳을 수도 있어요. 어떤 부작용이 있을까요?

경제학과
빈부 격차의 관계는?

음, 돈이 충분하지 않을 때 문제가 생기는 것 같아요. 그 물건을 너무 갖고 싶고 실제로도 꼭 필요한데 돈이 없으면 살 수 없잖아요. 그러면 물건을 갖고 싶다는 마음이 있어도 표현이 안 될 거구요.

●——

"돈이 없으면 아무리 물건이 필요하다고 해도 살 수 없다." 케인스라는 경제학자가 설명한 '유효 수요'라는 이론입니다. 좀 더 구체적으로 살펴보죠. 아까 그 교실로 돌아가서, 그 반에 재벌 4세 친구가 있다고 해봅시다. 이 친구는 일주일에 용돈을 100만 원 정도 받는다고 하는군요. 그래서 그 자리에 꼭 앉고 싶은 마음이 있는 것은 아니지만, 50만 원은 낼 수 있어요. 하지만 그 반에는 일주일에 용돈을 3만 원 받는 친구도 있습니다. 그 자리에 꼭 앉고 싶어서 일주일 용돈을 모두 내도 3만 원이군요. 결국 그 자리에는 꼭 앉고 싶은 마음이 없지만 돈을 많이 낼 수 있는 친구가 앉았습니다. 사실상 소비자의 선호가 잘못 표현되고 있는 거죠. 그리고 잘못 표현될 수밖에 없는 조건이구요. 이런 상황은 빈부 격차가 만들어 냅니다.

선착순으로 한다고 하면 좀 더 공평해집니다. 누구에게나 하루 동안 주어진 시간은 24시간이잖아요. 그 안에서 시간을 잘 활용하는 사람이 좋은 자리를 얻을 수 있습니다. 그 누구라도 좋은 자리를 얻으려면 자는 시간을 줄여서 교실에 빨리 도착하는 수밖에 없어요. 상대적으로 시간은 공평한 편이니까요. 물론 새벽에 아르바이트를 한다든가 동생을 돌봐야 하는 특수한 상황이 있다면 시간 또한 공평하다고는 볼 수 없겠지요.

어쨌건 부자와 가난한 사람이 가진 돈의 차이가 크면 클수록 소비자의 선호가 정확하게 드러나기 어렵습니다. 그리고 시장 스스로 이 문제를 해결하기 어렵다는 게 큰 문제입니다.

＿＿

시장과 가격으로 돌아가는 시스템에 문제가 많은 것 같네요. 비인간적이기도 하구요.

＿＿

꼭 그런 것만은 아닙니다. '사회적 후생'이라는 개념도 있거든요.

＿＿

아, 교과서에서 본 것 같아요.

차근차근 설명할 테니 잘 들어 보세요. 지금까지 시장과 가격의 중요한 기능에 대해 이야기를 나눴습니다. 시장경제 체제에서 가격은 하나하나 정리하기 힘든 복잡하고 많은 정보를 아주 명쾌하게 정리해 주는 힘이 있어요. 그렇게 정리가 된 정보에 따라 자원을 배분하는 건 나름 효율적이고, 합리적이라 할 수 있습니다. 그런데 자원을 왜 배분하죠?

> 필요한 물건을 서로 바꾸는 게 자원 배분이라고 하셨잖아요. 누구나 필요한 걸 전부 갖고 있지는 않으니까 서로 바꾸는 거 아닐까요?

맞습니다. 여기서 중요한 개념이 나오는데요, 바로 '필요'입니다. 우리는 늘 뭔가가 필요해요. 배가 고프면 밥이 필요하고, 졸리면 잘 수 있는 집이 필요합니다. 몸을 보호하는 것은 물론이고 소개팅에 나가려면 예쁜 옷도 필요합니다. 하루 종일 우리는 필요한 것을 얻기 위해 일을 하고, 필요한 것을 얻어서 사용하죠. 이렇게 필요한 것을 얻고 해결하면 우리는 행복해집니다. 배가 부르고, 잘 수 있고, 옷도 생겼으니 행복한 거죠. 이런 각각의 사람들의 행복감을 전부 모을 수 있을 겁니다. 이렇게 한 사회에서 살고 있는 사람들이 느끼는 행복감을 전부 다 모아서 계산한 것을 사회적 후생(社會的 厚生, social welfare)이라고 합니다. 여기서 '후생'은 사람들의 생활을 넉넉하고 윤택하게 하는 일을 말해요.

사람들의 행복감을 최대한으로 보장해 줄 수 있다면 그 사회는 좋은 사회겠죠. 경제학은 그런 사회를 만들고 싶어 합니다. 부자들을 위한 세상이 아니라, 가능한 한 많은 사람을 행복하게 만드는 방법을 고민하는 거죠.

●——

　오, 경제학이 행복과 연결된다니 경제학이 다르게 보이네요. 그런데 빈부 격차도 시장 때문에 생기는 것 아닌가요?

●——

맞아요. 시장이 항상 원하는 대로만 작동하는 것은 아닙니다. 우리에게 엄청난 초능력이 생겼다고 해 보죠. 이 초능력을 어디에 쓸까 고민하다가 빈부 격차를 없애는 데 쓰기로 했어요. 그래서 사람들의 돈을 몰수해서 똑같이 나누어 주었습니다. 그럼 어떻게 될까요?

●——

　사람들 모두 똑같이 돈을 나누어 가졌으니 빈부 격차가 없어지고, 시장과 가격은 제 기능을 하지 않을까요?

●——

그렇게 되면 좋겠지만 현실은 그렇지 않아요. 모두에게 똑같이 돈을 나누어 준다고 해도 곧 빈부 격차가 생겨나요. 예를 들어 봅시다.

　1990년에 독일이 통일됐어요. 그전에는 독일도 우리처럼 자본주의 체제의 서독과 사회주의 체제의 동독으로 분단되어 있었거든요. 서독이 동독을 흡수하는 방식으로 통일이 이루어졌습니다. 그런데 통일 전

서독과 동독의 경제력이 달랐어요. 서독의 경제력이 훨씬 강했어요. 만약 그 상태로 통일이 된다면 동독 사람들이 상대적으로 매우 가난한 상태가 될 것이 뻔했습니다. 그래서 서독 정부는 당시 동독 사람들에게 한 사람당 현금은 4천 동독 마르크화까지, 연금·임금·예금은 6천 동독 마르크화까지 서독 마르크화로 바꿔 주었습니다. 이보다 많은 동독 돈을 가지고 있었다고 하더라도, 그 이상은 서독 돈으로 바꿀 수 없으니 거의 대부분의 동독 사람들이 같은 양의 돈을 가지게 된 셈이에요. 그런데 이렇게 거의 모든 사람들이 같은 돈을 나누어 가지게 된 동독 지역에서 곧 극심한 빈부 격차가 생겼습니다. 시장과 가격의 기능이 발휘되다 보니, 돈을 잘 버는 사람과 그렇지 못한 사람들이 생겨난 겁니다. 사회주의 체제일 때는 이렇게 빈부의 격차가 크진 않았죠.

시장에서 사람들이 어떻게 행동하는지를 컴퓨터로 시뮬레이션해 보는 게임도 있습니다. 사람들에게 모두 같은 돈을 나누어 주도록 설정하고 시뮬레이션을 돌리면, 몇 년 안 되어서 빈부 격차가 크게 나타난다고 합니다.

경제학자들은 어떻게 하면 시장의 부작용을 막을 것인가를 두고 고민을 많이 해요. 하지만 지금 우리가 이야기하고 있는 주류 경제학에서는 뚜렷한 해법을 내놓지 못하고 있어요. 대신 다른 경제학이나 사회학 같은 곳에서 해법을 내고 있죠.

●┈┈

자본주의 경제에 부작용이 있긴 하지만 많은 나라들이 선택을 하

독일화폐경제사회통합조약이 이뤄지는 장면. 동독에서 사용한 마르크화는 서독에서 사용하는 마르크화에 대해 1:1~1:2의 비율로 통합되었다.

는 걸 보면 자본주의 쪽이 더 나은 건가요?

•——

시장과 가격으로 운용되는 경제를 자본주의 체제라고 한다면, 거의 대부분의 나라들이 자본주의 체제일 겁니다. 하지만 많이 선택한다고 반드시 좋은 것은 아니에요. 자본주의 체제라고 해서 모두 행복하고 잘 사는 것은 아니거든요. 경제적으로 궁핍한 나라도 많아요.

남한은 잘사는 편이에요. 반대로 북한은 대표적으로 가난한 나라죠. 남한은 자본주의 체제이고 북한은 사회주의 체제이니 단순하게 자본주의는 잘살고 사회주의는 가난하다고 답을 내리기 쉽죠. 그런데 자본주의를 택한 아프리카의 여러 나라들, 우리가 이름도 잘 알지 못하는 수많은 나라들도 북한처럼 가난합니다.

　사회주의 경제에 대해서 제대로 들어 본 적 있나요? 사회주의에 대한 편견을 잠깐이라도 걷어내고 사회주의 경제에 대해 잠깐 살펴보도록 하죠. 사회주의 경제와 자본주의 경제의 차이는 소유권에 있습니다. 많은 부분에서 다르긴 하지만, 일단 우리는 소유권에 주목해 보기로 합시다.

　사회주 세상에도 시장이 있고, 상품에 가격도 붙어요. 단 사회주의에서는 상품을 만드는 생산 시설, 그러니까 공장이나 농장의 소유권을 '사회'가 가져요. 예를 들면 자본주의에서는 공장의 주인이 개인입니다. 주인인 사장이 자기 돈으로 공장을 짓고 기계를 사고 직원을 고용해서 물건을 생산합니다. 그런데 사회주의에서는 공장의 주인이 개인이 아니에요. 공장에 다니는 직원들이 공장을 공동으로 운영하기도 하고, 그 지역의 주민들이 함께 공장을 소유하면서 운영할 수도 있습니다. 혹은 정부가 주인이 되기도 하죠. 정부가 주인인 경우는 국민 전체가 그 공장의 주인인 셈이죠. 어쨌건 생산품에 대한 소유권을 개인이 아닌 사회가 함께 가져요. 그래서 사회주의라고 부릅니다. 사회주의 이론은 이상적이고 훌륭하지만 역사적으로 올바르게 적용한 좋은 모델이 없다는 것이 큰 맹점입니다. 모두가 나라의 주인이 되어 행복하게 잘 나눠서 쓰면 좋겠는데 어떤 한 권력집단이 사람들을 착취하는 경우가 많았지요.

한편 스웨덴, 노르웨이, 핀란드 같은 나라들은 세금을 엄청나게 걷어요. 그 돈으로 학교와 병원을 거의 무료로 운영하죠. 심지어 집이 없으면 집을 주고, 직업이 없으면 꽤 많은 생활비를 국가가 지급해요. 사회주의 체제는 아니지만, 사회주의에서 시행하는 정책과 비슷한 정책들을 강하게 실시하면 부유한 사람과 가난한 사람이 가지고 있는 돈의 차이가 줄어드는 효과가 나타납니다. 그런데 이런 나라들은 또 잘사는 나라로 분류됩니다. 물론 이런 나라들에서도 적정한 복지의 정도를 두고 많은 논의들이 오고갑니다. 뭔가 복잡하네요. '어떤 한쪽의 방식이 완벽하게 좋다고 말할 수 없다'는 게 답이 될 것 같아요.

시장경제의
부족함에 대하여

교수님 말씀대로라면 자본주의 체제에도 문제가 있고 사회주의 체제에도 문제가 있는데요? 그런데 뉴스나 신문, 어른들이 하는 이야기를 들으면 사회주의 체제에만 문제가 있는 것 같아요.

•――

맞아요. 시장경제, 즉 자본주의가 완벽한 건 아닙니다. 대표적으로 역선택(adverse selection) 문제는 시장경제의 매우 큰 단점이죠. 역선택에 대해 이야기하기 위해서는 먼저 정보의 비대칭성(asymmetric information)에 대해 알아야 하겠군요.

•――

앗, 수업 시간에 분명히 들은 적이 있는데, 왜 내용이 기억이 안 나는 걸까요?

이제부터라도 알면 되니까 걱정하지 말고 따라와 보세요. 시장에서 올바른 선택을 하려면 꼭 필요한 조건이 하나 있어요. 바로 '모든 사람'이 동일한 정보를 가지고 있어야 한다는 거예요. 이 물건이 좋은 물건인지 나쁜 물건인지, 다른 시장에서는 얼마에 팔고 있고 물건을 만드는 데 얼마가 들어갔는지를 알아야 올바른 선택을 할 수 있잖아요. 그런데 이런 정보를 시장에 있는 모든 사람들이 동일하게 공유하지 못해요. 예를 들어 누구는 물건을 더 싸게 파는 곳을 알고 있고, 누구는 모릅니다. 그러면 정보를 더 많이 가진 사람이 유리하겠죠. 극단적인 경우에는 사기를 칠 수도 있어요. 이것이 정보의 비대칭성 문제입니다. 비대칭이라는 말이 좀 어려울 수 있겠군요. asymmetric이라는 영어 단어에서 온 말인데, 한쪽으로 치우쳤단 뜻입니다. 그러니까 경제학에서 말하는 정보의 비대칭성이란 특정한 사람들이 다른 사람들보다 더 많은 정보를 가지고 있는 상황을 말합니다.

그런데 애를 써서, 물건을 더 싸게 살 수 있는 방법을 알고 있는 게 나쁜 건가요?

개인의 경우는 그렇지 않을 수도 있지만 기업으로 넘어가면 얘기가 달라집니다. 여기에 과자 한 봉지가 있습니다. 감자 칩인데 가격이 3,000원이군요. 이 3,000원에는 무엇이 포함되어 있을까요? 먼저 원재료인

감자의 가격이 포함되어 있을 겁니다. 인건비, 비닐포장비, 광고비, 회사의 이윤과 유통하는 업체들의 몫도 들어가 있습니다. 그런데 이런 정보, 과자 한 봉지 안에 들어 있는 여러 원가의 비율을 정확하게 알아 낼 수 있는 소비자가 있을까요? 거의 대부분 이런 정보는 기업만 알수 있습니다. 과자라는 상품의 정보 자체가 비대칭적인 거죠. 원가가 2,500원인지, 2,000원인지, 아니면 100원인지 소비자가 알 수 있는 방법이 없어요. 그러니까 여기서 온갖 문제가 발생할 수 있는 거예요. 이런 예는 보험회사와 보험 가입자, 주주와 경영자, 사장과 직원 사이 같은 수많은 관계에서 발견할 수 있어요.

●──

　　앞에서는 가격이 그런 복잡한 정보들을 아주 단순하게 정리해 주는 기능이 있어서 유용하다고 하셨잖아요.

●──

맞아요. 시장가격은 복잡한 정보들을 단순하게 정리해 주는 기능을 해요. 그런데 여기에는 전제가 필요합니다. 복잡한 정보들을 다들 모르고 있어야 한다는 점이죠. 물건을 만들어서 파는 사람은 자기가 만든 물건을 얼마나 많은 사람들이 원하고 있는지 모르고, 물건을 사는 사람은 도대체 저 물건을 어떻게 만들었는지 알 수가 없을 때, 가격이 딱 등장하면 쿨하게 정리되겠죠.

　　예를 들어 볼까요. 제가 강에서 생선 20마리를 잡았어요. 이걸 시장에 내다 팔아서 쌀을 사야 하는데, 도대체 한 마리에 얼마를 받고 팔아야 할까요? 제 하루 일당이 10만 원이니까 한 마리에 5,000원을 받고 팔아야 할까요? 아니면 내가 사야 하는 쌀의 가격이 20만 원이니까 10,000원씩 받고 팔아야 할까요? 일단 시장에 물건을 들고 나가서 진열을 해 놓습니다. 손님들이 흥정을 하고 가격이 정해지면 그 가격이 정리를 해 줄 겁니다. 생선을 사려는 손님도 마찬가지예요. 시장에 나가서 생선을 사려는 사람은 그 자리에 있는 다른 소비자들과 경쟁을 해요. 그러다가 가격이 정해지면, '생선 한 마리는 저 정도의 돈이 있어야 사는구나'라고 알게 되죠.

문제는 생선을 사려는 사람은 시장에 가끔 오는데, 생선을 파는 사람은 매일 시장에 나온다는 거예요. 손님들은 생선이 필요할 때만 시장에 나오니까 시장에서 뭐가 어떻게 돌아가는지 잘 몰라요. 반대로 생선을 파는 사람은 매일 시장에서 사람들이 어떤 생선을 얼마나 원하는지 눈으로 보게 됩니다. 그러다 보면 꼼수를 부릴 수도 있어요. 사람들이 많이 찾는 생선 가격을 일부러 높게 매기면서, 어제도 이 가격에 팔았다고 슬쩍 이야기하는 거죠. 손님은 그런 상황을 모르니 결국 그 가격에 살 겁니다.

많은 경우 손님보다는 판매자가, 소비자보다는 기업이 더 많은 정보를 갖고 있어요. 물론 꼭 판매자와 기업이 정보를 더 많이 가지고 있는 건 아니에요. 반대의 경우도 있긴 합니다. 정리를 하자면 이렇게 정보의 비대칭성이 생겨나면 시장이 정상적으로 돌아가지 않게 됩니다.

●---

●――

정보의 비대칭성 때문에 '역선택'이라는 것이 발생합니다. 역선택의 역 (逆)은 순리를 거스르다, 불리하다라는 뜻이에요. 역선택이란 불완전한 정보 탓에 비정상적이고 비효율적인 선택을 하는 상황을 말해요. 시장 에서 사람들은 대부분 자기가 원하는 것이 무엇인지 정확하게 알고 있 다고 생각합니다. 그래서 자신들이 합리적으로 구매를 하고 있다고 생 각해요. 손해를 보면서 물건을 사고 있다고 생각하는 사람은 거의 없 죠. 하지만 실제로는 그렇지 않은 경우가 많아요.

보험에 가입한다고 해 봅시다. 보험은 사고가 날 것에 대비해서 미 리 보험 회사에 보험료를 내는 거죠? 보험도 돈을 내고 사는 것이니 상 품이라고 부릅니다. 테일러 스위프트라는 가수가 해외 투어 공연을 하 기 전에 4,000만 달러짜리 다리 보험을 들었다죠? 가수면 목 보험을 들 것 같은데, 다리 보험을 드는 것을 보면 비주얼이 중요하긴 한가 봐요. 어쨌든!!

자, 여기 새로 차를 산 A와 B를 봅시다. 이 사람들은 이제 자동차보 험에 가입해야 하고, 보험 회사는 이 두 사람에게 보험을 팔려고 하겠 군요.

보험 회사 입장에서는 가입자가 어떤 운전자인지 아는 것이 중요해 요. 가입자가 운전 경험이 많지 않으면 운전 미숙으로 사고 낼 가능성 이 높겠죠? 운전을 거칠게 하는 사람일 경우에도 사고가 많이 나겠죠.

그럼 보험 회사에선 보험금을 자주 지급해 줘야 하구요. 그러니 보험 회사 편에서는 운전자에 대한 정보가 매우 중요합니다. 보험 회사에서는 보험료를 꼬박꼬박 내면서 사고는 내지 않는 안전하고 조심스러운 운전자를 원합니다.

그런데 보험 회사는 도대체 누가 조심스러운 운전자인지 알 수가 없어요. 여러분도 정말 순해 보이는 사람이 운전대만 잡으면 미친 듯이 운전하는 것을 본 경험이 있죠? 보험 회사가 개인의 운전 습관까지 알기는 정말 어렵습니다.

보험 회사는 개별 운전자에 대한 정보는 없지만, 오랫동안 누적된 사고 데이터가 있어요. 그래서 대략적인 통계치를 내죠. 통상 운전자들의 20퍼센트 정도는 사고를 낸다고 통계가 나왔다고 칩시다. 그럼 보험 회사는 20퍼센트의 사고 확률에 맞춰서 보험 상품을 판매합니다. 그런데 A는 매우 신중하고 조심스럽게 운전을 해서 사고 낼 가능성이 10퍼센트 정도예요. B는 난폭 운전을 일삼는 사람이에요. 30퍼센트까지 사고 확률이 올라간다고 합시다. 그런데 두 사람은 모두 통계치인 20퍼센트의 사고 확률을 보장하는 보험에 가입해야 합니다. A는 완전히 손해입니다. 비싼 보험료를 내는 셈이니까요. B는 완전 땡잡았군요. 이제 평소 하던 대로 난폭 운전을 하고 다녀도 싼 보험료만 내면 되는 상황이에요. 그러니까 A는 오히려 보험에 들지 않고, B는 보험에 잘 들겠죠. 보험 회사 입장에선 정보의 비대칭성 때문에 B 가입자를 받는 역선택을 하게 되는 겁니다.

생명보험도 마찬가지예요. 젊고 건강한 사람은 사망할 확률이 그리 높지 않아요. 그러니까 보험 회사 입장에서는 젊고 건강한 사람이 가입하는 것을 원하지만, 실제로 젊은 사람들은 보험에 많이 가입하지 않아요. 오히려 나이가 들면 보험에 더 들게 되죠. 몸 여기저기가 아파 오기 시작하면 보험을 찾습니다. 그런데 늙고 병든 사람은 슬픈 이야기지만 사망할 확률이 높겠죠. 이렇게 되면 보험 회사 입장에서는 보험 사업의 취지와 맞지 않고, 수익도 나지 않는 방향으로 거래를 하게 되는 것입니다. 역시나 정보의 비대칭성으로 역선택을 하는 상황입니다. 그래서 가입자들을 대상으로 조사를 많이 하고, 실제 보험금을 지급할 때도 복잡하게 심사를 합니다. 그런데 그게 모두 돈이잖아요. 조사하고 심사하는 데 돈이 들어가니, 이익이 줄어들고 때로는 보험료를 올려야 하기도 하죠. 복잡한 문제들이 생겨납니다.

●――

그럼 역선택은 신문에 자주 나오는 도덕적 해이랑 같은 거 아닌가요?

●――

전제는 비슷하지만 역선택과 도덕적 해이(moral hazard)는 달라요. 역선택은 감추어진 속성, 도덕적 해이는 감추어진 행동이라고도 합니다. 간단하게 말하면 역선택은 거래를 맺기 전에 일어나요. 아까 자동차보험과 생명보험의 상황은 모두 보험 계약을 체결하기 전의 조건에 영향을 받았죠? 도덕적 해이는 거래를 맺고 난 다음에 일어나는 상황입니다. 생명보험 이야기를 좀 더 해 볼까요?

저는 술을 참 좋아합니다. 물론 술은 건강에 해롭죠. 그런데 얼마 전에 은행에서 큰돈을 빌려 집을 한 채 장만했습니다. 집이 생겨 기분 좋기는 하지만, 갚아야 할 돈이 많아져서 걱정이 되기 시작합니다. 건강을 챙겨야 할 것 같아 술도 줄이고, 생명보험에 가입하기로 했어요. 혹시라도 나한테 무슨 일이 생기면 남은 가족들이 보험금을 탈 수 있게 준비를 한 거죠. 그런데 생명보험을 들고 나니 안심이 되는 거예요. 그래서 줄였던 술을 다시 많이 마십니다.

보험은 최악의 경우, 나쁜 상황에 대비하기 위해 가입하는 것입니다. 그러니까 나쁜 일이 일어나지 않도록 조심하는 것이 중요하죠. 그런데 보험에 가입함으로써 오히려 대비를 덜 하게 돼요. 보험에 기대서 도덕적으로 해이해지는 것이죠. 이렇게 거래가 일어난 다음 사람들의 행동이 바뀌는 것을 '도덕적 해이'라고 부릅니다.

●――

도덕적 해이도 정보의 비대칭성 때문에 발생하는 것인가요?

●――

그렇죠. 보험 회사 입장에서는 보험에 가입할 때 내가 했던 이야기들을 믿었을 거예요. "열심히 운동하고, 술도 줄일 건데, 혹시 몰라 보험을 들고 싶다"는 이야기를 듣고 보험 상품을 팔았을 겁니다. 거래가 성사되고 나서 저는 매달 보험료를 내지만, 더 방탕(?)하게 살게 되었습니다. 그런데 보험 회사는 매달 보험료가 들어오는 것 말고는 나에 대해 알지 못해요. 그러니 나는 더욱 마음 편하게 도덕적 해이에 빠질 수 있겠죠. 결국 정보의 비대칭 때문에 발생하는 일들이에요.

역선택과 도덕적 해이를 만드는 정보의 비대칭 문제는 생각보다 심각합니다. 시장이 망가질 수 있거든요. 역선택과 도덕적 해이가 심각해지면 보험 회사는 영업을 할 수 없을 겁니다. 계속 손해가 날 테니까요. 그런데 보험 회사가 망하면 꼭 보험이 필요한 사람이 보험에 가입하지 못하는 경우가 발생할 수 있어요. 이렇게 되면 어쩔 수 없이 정부가 나서게 됩니다. 모든 사람들에게 보험 가입을 의무화하는 거예요. 예를 들면 의료보험, 고용보험 같은 것들이에요. 시장이 문제를 제대로 해결하지 못했군요.

● ─ ─

그럼 대책은 없는 건가요? 많은 나라들이 시장과 가격 시스템을 적용하고 있다고 하셨는데, 그럼 다들 문제가 많겠네요?

● ─ ─

맞아요. 그 문제들에 대해 이야기하려면 일단 '게임이론'부터 설명하는 게 좋겠네요. 게임이론은 한 집단, 특히 기업에 있어서 어떤 행동의 결과가 게임(놀이)에서처럼 한 참여자의 행동에 의해서만 결정되는 것이 아니고 동시에 다른 참여자의 행동에 의해서도 결정되는 상황에서, 자기 자신에게 최대한 이익이 되도록 행동하는 것을 수학적으로 분석하는 이론입니다. 설명이 좀 어렵죠? 하나하나 짚어 가면서 살펴봅시다.

시장을 먼저 볼까요? 시장의 문제는 매일 열려 있기 때문에 발생하기도 합니다. 우리가 알고 있는 대부분의 시장은 너무 자주, 그러니까 매일 열려 있습니다. 그런데 시장이 가끔씩 열리고 그때마다 사람들이 모여 거래를 한다고 해 보죠. 시장이 가끔 열리다 보니 물건을 팔러 나온 사람도 물건을 사러 나온 사람도 비슷한 정보를 가지고 있어요. 그정보는 바로 가격이죠. 생산자도 소비자도 모두 가격만 놓고 거래를 하게 됩니다.

그런데 매일 시장이 열리고, 시장에 상주하면서 거래를 하는 사람들이 있다고 합시다. 이들은 시장에서 비슷한 일, 비슷한 거래를 하면서 계속 정보를 주고받을 수 있어요. 시장에 가끔 오는 사람들에 비해서 많은 정보를 확보하게 되죠. 이들은 서로 담합할 수도 있고요. 협회를 만들고, 사장과 직원이 되고, 동업을 하고, 나중에는 친구가 되고, 결혼을 하고, 싸우면서 대립도 하고…. 이렇게 관계를 맺고 영향을 주고받으면서, 시장을 교란시킵니다.

•——

시장을 교란시킨다구요? 그게 어떤 의미예요?

•——

서로 네트워크를 맺은 사람들은 많은 정보를 공유하게 됩니다. 이 물건이 어디서 왔고, 상품의 질은 어떤 것이 좋고, 저 물건은 공장이 망해서 곧 귀해질 거라 미리 사 두면 나중에 큰 이득을 볼 수 있고…. 이런 정보들을 매일 시장에서 관계를 맺는 사람들이 공유하겠죠. 그런데 시장에 가끔 물건을 사러 오는 소비자들은 이런 정보를 얻기가 어려워요. 그러니 시장 상인들이 물건을 비싸게 팔아도 잘 모르고 넘어가는 경우가 생기는 거죠. 앞에서 생선을 가지고 예를 들었던 것처럼요. 시장 질서에 문제가 생기는 겁니다. 그게 바로 시장 교란이에요.

실제로 시장은 이런 방식으로 커 가게 마련입니다. 우리가 아는 시장들은 거의 대부분 매일 열리잖아요. 이렇게 되면, 가격 하나만 놓고 물건을 사고팔았던 상황과는 많이 달라집니다. 다른 변수들이 존재하는 상황으로 변해 가는 거죠. 그래서 게임이론이 등장합니다.

게임이론은 전략적 행동에 대한 이야기예요. 내가 이렇게 행동하면 상대방은 어떻게 행동할 것인가, 그리고 상대방의 행동에 따라서 결과가 어떻게 달라질 것인가를 전략적으로 예측해 보는 겁니다. 옛날 경제학에서는 이렇게 생각하지 않았어요. 시장에 참여하는 기업과 소비자가 엄청나게 많고 가격 외에는 시장에 대한 정보를 모르기 때문에 가격 하나로 정리할 수 있다고 생각했죠. 모두를 만족시키는 시장가격이 존재할 거라고 쉽게 생각해 버린 겁니다. 그런데 실제로 시장은 바뀝니다. 시장이 상설화되면서(매일 열리면서) 정보의 비대칭도 점차 커졌습니다. 생산자들은 자기들끼리 정보를 공유하면서 이득을 많이 볼 수 있게 시장을 교란시킵니다. 이렇게 되니 특별한 한 기업의 행동이 중요해졌어요. 그 기업이 어떤 전략을 세우고 시장에서 행동하는가에 따라 다양한 상황들이 발생합니다. 또 시장 구성원들이 관계를 맺으며 상호작용을 할 때 전략적인 선택을 하는지도 중요해졌습니다. 가격 이외의 '전략'이라는 변수가 등장한 겁니다.

물론 인터넷이 대중화되면서, 소비자들도 정보를 꽤 많이 알게 되었어요. 상품의 최저가를 보여 주는 서비스도 있죠? 이렇게 되면 소비자도 전략적 행동을 하게 됩니다.

잘 팔리지 않는데도
천문학적 광고비를
쓰는 이유

교수님, '전략적 행동'이라는 말이 정확히 무슨 뜻인가요?

•––

상대방의 행동을 예측하고, 그 예측에 따라 나에게 유리한 선택을 하는 것을 전략적 행동이라고 해요. 어떻게 보면 당연하고 상식적인 행동입니다. 전략적 행동에 대해 알려면 생산량과 가격에 대해 알 필요가 있어요. 물건의 생산량과 가격이 어떻게 정해지는지 알고 있나요?

•––

수요와 공급 곡선에 따라 정해진다고 들었던 것 같아요.

•––

맞아요. 수요 곡선과 공급 곡선이 만나는 한 점, 그러니까 균형점에서 정해집니다. 그런데 이론은 이렇지만 실제는 다릅니다. 기업은 이득을 더 많이 내기 위해, 소비자도 싼 값에 물건을 사려고 서로 상대의 행동을 예측합니다. 전략적 행동을 하는 거죠. 어떤 경우에는 물건이 많이 있는데도 시장에 조금만 내놓아서 물건 값을 올리기도 하고, 물건을 사려는 마음이 있어도 안 살 것처럼 행동해서 물건 값을 깎기도 합니다. 이런 일들이 일반적으로 일어나면 하나의 균형점이 생기기 어려워지기도 해요. 덕분에 물건이 필요한 것보다 많거나 적게 생산되고, 필요 이상으로 비싸거나 싸게 팔립니다.

수요 곡선과 공급 곡선이 만나는 지점에서 하나의 균형점이 생긴다고 했죠? 허나 게임이론에서는 사람들이 전략적으로 행동하다 보니 이 균형점이 여러 개가 생겨요.

'내시 균형'이라는 개념이 있습니다. 〈뷰티풀 마인드〉라는 영화가 있는데, 내시 균형이라는 개념을 만들어 노벨 경제학상을 수상한 존 포브스 내시에 대한 영화예요. 내시는 당시 역사상 가장 짧은 대학원 추천서를 받은 것으로도 유명합니다. 내시의 지도교수가 프린스턴 대학교 대학원 수학과에 존 내시를 추천하면서 추천서에 "이 사람은 천재다"(This man is a genious)라는 한 문장만 썼다는 일화가 있습니다. 그러나 안타깝게도 2015년 5월 존 포브스 내시 내외는 교통사고로 동시에 타계했습니다.

내시 균형에 대해 좀 더 알아볼까요. A와 B 두 사람이 게임을 한다고 해 봅시다. 게임에서 이기기 위해 두 사람은 전략을 사용해요. 우리는 A가 되어 보죠. 상대방인 B는 게임에서 사용할 수 있는 전략이 두 가지

존 내시를 주인공으로 한 책 『뷰티풀 마인드』.
정신분열증을 이겨 내고 학문적 성취를 이뤄 낸 그의 일대기가 잘 그려져 있다.

있습니다. 그럼 A는 B가 선택할 두 가지 전략에 대해서 최선의 대응책을 마련합니다. 그런데 B도 마찬가지로 생각을 하고 있겠죠. 그래서 A와 B가 서로의 전략에 맞는 최선의 대응책을 고민하고, 반대로 상대는 어떻게 생각할까 고민합니다. 그러다가 둘에게 맞는 최선의 대응책이 나오면 A와 B는 그 전략을 계속 고수할 겁니다. 그럼 균형 상태가 되는 거예요. 이게 내시 균형이에요. 물론 모든 게임에 균형이 있는 것은 아니에요. 여전히 어렵죠? 간단한 예를 들어 봅시다.

두 사람이 가위바위보 게임을 할 경우 여기에는 균형이 생길 수 있을까요? 없습니다. 게임에 나선 두 사람은 전략적 사고를 해요. A는 생각합니다. '내가 가위를 냈을 때, B가 바위를 내면 B가 이길 수 있다. 그럼 나는 가위를 내지 말고 보자기를 내야 한다. 하지만 이렇게 되면 B의 최선의 대응은 가위를 내는 것이다. 그럼 나는 바위를 내야 하는데, 그러면 B는 보자기를 낼 것이고, 그럼 나는 다시 가위를 내야 하고….' 계속 돌고 돌겠죠. 균형이 생길 수가 없는 거예요.

내시 균형이 있는 게임도 있어요. A와 B에게 각각 1만 원을 줍니다. 1만 원을 두 사람 사이에 놓고, 두 사람에게 숫자를 적어 내게 합니다. 적어 낸 숫자의 합이 1만이 되면 각자 적어 낸 숫자만큼 돈을 나눠서 가져가는 거죠. A와 B는 1,000부터 9,000까지의 숫자를 적을 수 있어요. 아홉 개의 전략이 있는 겁니다. A와 B는 각자 최선의 대응책을 생각합니다. 만약 A가 1,000을 적어 냈을 때 B는 9,000을 적어 내야 최선이 됩니다. A가 2,000을 적었다면 B는 8,000을 적어야 최선이 되겠죠.

그러면 이렇게 모두 아홉 개의 균형점이 나오게 됩니다. 이게 내시 균형입니다.

이전 경제학에서 균형점은 하나였어요. 시장에서 각자 자신의 이익을 위해 최선을 다하는 사람들이 모이면 한 점에서 균형가격이 만들어졌죠. 하지만 이 두 사람이 벌이는 게임에서는 모두 아홉 개의 균형점이 나올 수 있습니다. 전략적으로 생각을 하기 때문이죠. 한 푼도 받지 못하는 것보다는 1,000원이라도 받는 것이 이득일 테니, 상대방의 결정을 고려하는 전략적 사고를 하게 되는 겁니다.

내시 균형으로 지금 시장에서 벌어지는 많은 일들을 설명할 수가 있어요. 우리나라에는 대표적인 세 통신사가 있습니다. 이 셋이 시장을 지배하고 있어서 소비자는 이 통신사들 말고는 가입하기 어려워요. 세 통신사는 광고를 통해 고객을 유치합니다. 그런데 광고비는 엄청나게 비싼 반면 가입자는 늘지 않아요. 한국 시장을 대상으로 하기 때문에 고객 수는 정해져 있어요. 그리고 이미 대부분의 소비자들이 통신사를 이용하고 있습니다. 완전히 새로 생기는 고객은 많지 않죠. 심지어 몇 년씩 약정을 하는 경우가 많잖아요. 따라서 세 통신사는 광고비를 지출하지 않을 때 가장 많은 이득을 얻게 됩니다. 기존 시장 이론에 따르면 여기서 균형점이 결정되겠죠. 하지만 내시 균형에 따르면 그렇지 않아요.

상대가 광고를 할 경우 나도 광고를 하는 것이 최선의 대응책입니다. 하지만 광고를 한다고 시장이 커지는 것도 아니고, 광고를 나만 하는 것도 아니기 때문에 매출은 크게 늘지 않아요. 오히려 광고비만 지출하게 되는 셈이죠. 하지만 광고를 하지 않을 수 없습니다. 만약 상대가 광고를 하는데, 나는 하지 않으면 손님이 상대 쪽으로 몰릴 수 있으니까요. 이런 조건은 상대도 마찬가지고요. 그러니까 매출이 늘지 않아도 비싼 돈을 주고 광고를 하는 겁니다. 자동차 시장을 보세요. 엄청나게 광고를 하지만 매출이 눈에 띄게 느는 건 아닙니다. 하루에 100대가 팔리던 게 갑자기 10만 대가 팔리는 건 아니라는 거죠. 오히려 광고를 하느라 수익이 줄어듭니다. 그래도 계속하죠. 거기가 균형점이기 때문입니다. 둘 다 광고를 하지 않는 균형도 물론 존재해요. 그것이 바로 담합이죠. 서로 광고를 하지 말자고 약속을 하는 거예요. 하지만 담합은 언제나 위험합니다. 상대가 약속을 깨고 갑자기 광고를 해 버릴 수도 있으니까요.

○──

설명을 듣고 있으니, 경제학이라기보다는 심리학이나 손자병법 같다는 생각이 들어요.

○──

그렇죠. 경제학의 중요한 과제는 사람들의 경제적 행동을 분석하는 거잖아요. 사람들은 매일 경제 활동을 합니다. 그런데 왜 그렇게 행동할까요? 경제학자들은 오래전에 단순한 가정을 했어요. '사람들은 자신의 이익을 위해 움직이는 극도로 이기적인 존재들이며, 그런 이기적인 행동들이 모여서 시장과 가격 체제를 움직인다.' 완전히 틀린 얘기는 아니지만, 그렇다고 다 맞는 이야기도 아니죠. 사람들이 이기적이기는 하지만, 언제나 자기 자신만을 위해 움직이는 것은 아니잖아요. 이런 것에 대해 연구하는 경제학의 최신 분야가 '행동경제학'입니다. 심리학의 영향을 받았다고도 볼 수 있어요. 사람들이 어떤 경제적 행동을 할 때 행복해하는지, 사람들의 경제적 행동에는 어떤 이유가 있는지에 대해 연구하죠.

그렇다고 경제학이 사람들의 행동과 결정에만 관심을 갖는 것은 아니에요. 사람들의 다양한 경제 활동을 단순한 이론으로 정리하고, 그 이론을 통해 자원을 어떻게 배분하는 것이 가장 좋을지에 대해 고민하는 것이 경제학의 큰 과제입니다. 물론 그동안 너무 간단한 가정과 전제에 오래 사로잡혀 있었다는 비판을 받고 있기는 하지만요.

그렇게
화폐가 탄생했다

사람의 심리도 공부하는 것이라고 생각하니 경제학이 조금 재미
있을 것 같기도 하네요.

● — —

그렇죠. 사실 경제학에는 재미있는 부분도 많아요. 경제학을 공부하기
위해 기본적으로 알면 좋을 것 하나만 더 짚어 보죠. 시장에 대해서 공
부하다 보면 꼭 알아야 할 개념이 있어요. 아까 교실에서 자리 정하는
방식을 얘기할 때, 시장에서 자원을 무엇으로 배분한다고 했었죠?

● — —

돈이요. 여러 가지 방법이 있지만 돈을 사용하면 간단하고 명확해
진다고 하셨어요.

● — —

맞습니다. 그럼 지금부터 돈, 화폐에 대해 이야기해 볼까요? 지금의 경제 활동은 대부분 화폐를 통해 이루어지기 때문에 화폐의 역사에 대해 아는 것이 중요해요.

　그런데 교수님, 돈은 누가 처음에 만들었나요? 한 번도 생각해 보지 않았는데 갑자기 너무 궁금해요.

돈은 생각해 보면 참 신기한 물건이에요. 그냥 종이에 '1만 원'이라고 써 놓은 건데, 그걸로 밥도 사 먹을 수 있고, 화장품도 살 수 있잖아요? 신기하지 않나요? 도대체 누가 돈을 만들어 냈을까요?

　그러네요. 어떻게 생각하면 그냥 종잇조각인데.

우리가 말하는 돈의 정식 명칭은 은행권(銀行券)입니다. 1만 원짜리, 1,000원짜리, 5,000원짜리 같은 화폐는 한국은행 총재가 발행한 '한국은행권'이에요. 화폐를 발행할 수 있는 권한은 나라의 중앙은행이 독점적으로 가지고 있어요. 대부분 그렇지만 아닌 경우도 있긴 해요. 홍콩에서 사용되는 홍콩 달러는 홍콩상하이은행(HSBC), 중국은행, 스탠다드차타드은행, 이렇게 세 군데 은행에서 발행합니다.

　이런 은행권은 통화 주권이 통하는 지역에서 '강제력'이 있어요. 쉽게 설명하면 대한민국에서 물건을 사고 한국은행권을 내면 어떤 가게

든지 무조건 받아야 해요. 카드 결제가 안 되는 곳이 있고, 상품권을 안 받는 곳은 있을 수 있지만, 현금을 안 받을 수는 없는 거예요. 한국은행 총재가 보장했기 때문에 가능한 일이죠. 좀 더 쉽게 말하면 이렇습니다. '1만 원이라고 쓰여 있는 이 종이에, 한국은행 총재인 내가 도장을 쿡 찍어서 보장을 하겠습니다. 이제부터 이 종이는 1만 원의 가치를 담고 있으니 한국 안에서 모든 거래에 사용하십시오.'

화폐가 탄생한 역사를 보면 이 원리를 좀 더 이해하기 쉬울 거예요. 옛날에는 금화를 많이 사용했어요. 말이 금화, 금으로 된 돈이지 실제로는 금덩어리였습니다. 한 농부가 밀 농사를 지었어요. 풍년이 들어 수확량이 많았죠. 수확한 밀 가운데 자기가 먹을 것 말고도 시장에 내다 팔 것이 생겼습니다. 시장에서 밀을 팔고 작은 금덩어리를 받았어요. 그런데 금덩어리를 보고 있으니 걱정이 되기 시작했어요. '이걸 누가 훔쳐 가면 어떡하지?' 꽁꽁 숨겨 놓는다고 해도 강도가 내놓으라고 위협하면 어쩔 수 없잖아요. 걱정을 하다가 좋은 생각이 떠올랐어요. 마을 금세공 장인에게 가 보기로 한 거예요. 그 장인한테 금을 안전하게 보관할 수 있는 금고가 있었거든요.

•⎯⎯

금고에 보관해 달라고 부탁하면 되겠네요.

•⎯⎯

그렇죠. 농부는 금세공 장인을 찾아가서 거래를 제안했습니다. "내 금을 당신의 금고에 안전하게 보관해 주면 약간의 금을 대가로 드리겠습니다. 대신 금을 보관하고 있다는 보관증을 써 주세요." 금세공 장인 입장에서는 손해 보는 장사가 아니었어요. 어차피 금고는 큼직했으니까 금고 구석에 보관만 해 주면 되고, 보관해 주는 대가로 약간의 수입도 생기잖아요.

얼마 지나지 않아 마을의 금덩어리들이 모두 이 금세공 장인 금고로 들어왔어요. 마을 사람들이 거래를 해서 금이 생기면, 금세공 장인의 금고로 가지고 온 거죠. 금세공 장인은 그때마다 자기 도장이 찍힌 보관증을 발행해 주었어요. 그런데 이상한 일이 벌어지기 시작했어요. 사람들이 물건을 사고팔 때 물건과 금을 주고받는 것이 아니라, 그 보관증을 주고받기 시작한 거예요. 보관증에 금의 무게가 적혀 있고, 금세공 장인의 이름과 도장이 있잖아요. 그러니까 불편하고 위험하게 금을 주고받는 대신 그 보관증을 주고받고, 금이 필요할 때는 누구라도 보관증만 가지고 금세공 장인을 찾아가면 되는 거죠. 시장에 가면 가게마다 금의 무게를 재는 저울이 있었는데, 이제 시장에서는 금을 보기 힘듭니다. 대신 어느 마을, 어떤 금세공 장인의 금고에 있는 보관증인지 확인하는 것이 중요해졌죠. 이 보관증이 지금 우리가 사용하는 화폐의 시작이에요.

1971년까지 미국 달러로 35달러는 금 1온스(28.3g)와 바꿀 수 있었어요. 미국이 금세공 장인의 금고 역할을 하고, 미국 달러를 전 세계 무역 거래에 사용할 수 있도록 보장해 준 셈이죠. 전 세계 무역이 안정적이고 활성화되리라는 가정에서 그렇게 했어요. 이런 화폐를 태환화폐

(convertible currency)라고 부릅니다. 금으로 교환이 가능한 화폐라는 뜻이지요.

> 1971년 이전에는 화폐를 금으로 바꿔 주었다면, 지금은 그렇지 않은가 보네요.

이제 태환화폐 제도를 적용하는 나라는 많지 않아요. 우리나라도 태환화폐 제도를 쓰지 않아요. 여러분이 1만 원을 들고 은행에 가서 금으로 바꿔 달라고 하면 안 바꿔 주잖아요. 이런 화폐를 불환화폐(inconvertible currency)라고 합니다.

태환화폐 제도를 두면 불편하고 복잡한 일들이 많겠죠. 예를 들어 은행에 가서 돈을 주고 금을 찾을 수 있다면, 은행마다 금 덩어리를 어느 정도 가지고 있어야 하잖아요? 은행 입장에서는 꽤 불편할 겁니다. 더 큰 문제는 돈을 가져오면 금을 줘야 하니까, 금을 가지고 있는 만큼만 돈을 찍어 낼 수 있어요. 그러면 은행에서 돈을 빌리기가 어렵겠죠? 아무리 좋은 아이템이 있어도 은행에서 돈을 빌려야 사업을 할 수 있는데, 금이 있는 만큼만 은행에서 돈을 내 줄 수 있으니 돈 빌리기가 어려워지는 거죠. 이 이야기는 조금 뒤에 다시 설명하기로 하고 일단 마을로 돌아갑시다.

금세공 장인의 금고에는 금이 가득 차 있었고, 사람들은 금세공 장인의 도장이 찍히고 금의 무게가 적힌 보관증을 가지고 이런저런 거래를 활발하게 했습니다. 그런데 금세공 장인이 신기한 점을 하나 발견합니다. 시장에서 보관증을 가지고 거래는 많이 하는데, 그걸 들고 와서 금을 찾아가는 사람은 많지 않은 거예요. 마을 사람들은 보관증만 가지고 거래해도 큰 불편함이 없었던 것이죠. 대략 계산을 해 보니까 금을 맡긴 사람의 10퍼센트 정도만 금을 찾아가고, 나머지는 그냥 금고에 넣어 놓고 보관증만 가지고 활용하는 거예요. 그래서 금세공 장인은 실제로 맡기지 않은 금의 보관증을 찍어서 사용하기 시작했습니다. 어떻게 보면 사기죠. 그런 식으로 실제 있는 금보다 많은 보관증이 시장에 돌아다니게 되었습니다.

●──

　　간도 크네요. 그러다가 갑자기 사람들이 한꺼번에 금을 찾으러 오면 어떻게 해요?

●──

대담한 사람이죠. 하지만 오랫동안 사람들과 보관증 거래를 하면서 큰 문제는 없다는 사실을 알게 됐어요. 오히려 좋은 효과가 나타나기 시작했습니다. 금화를 주로 통용하던 시절에는 물건이 필요해도 많이 살 수가 없었어요. 금 자체가 많지 않았기 때문이에요.

　　예를 들어 내가 대장간을 운영한다고 합시다. 열심히 일해서 곡괭이를 많이 만들었어요. 그리고 이걸 시장에 내다 팔고 옷감을 사서 옷을 해 입고 싶어요. 그런데 시장에 곡괭이를 팔러 나갔더니 안 팔리는 거예요. 금이 없으니 살 수가 없는 거죠. 옷감 장사꾼과 물물 교환을 시도했지만 그것도 실패했어요. 옷감 장사꾼 입장에서는 그렇게 많은 곡 괭이가 필요하지 않았던 겁니다. 많은 사람들이 곡괭이를 사려고 해서 나는 곡괭이 장사꾼이 옷감을 사려면 엄청나게 복잡한 물물 교환 과정 을 거쳐야 하는 문제가 발생했습니다. 그런데 만약 사람들이 시장에서 물건을 충분히 살 수 있을 만큼 많은 양의 금을 가지고 있다면 어떨까 요? 많은 사람들이 곡괭이를 사려고 해서 나는 곡괭이를 모두 팔 수 있 을 것이고, 받은 금을 가지고 다시 원하는 만큼의 옷감을 살 수 있겠죠.

다시 마을로 돌아가 봅시다. 어느 순간부터 금세공 장인의 책상 위 에서 금이 막 만들어지기 시작했어요. 몰래 보관증을 찍어 낸 거죠. 보 관증을 슬쩍 써 가지고는 장터에 가서 필요한 물건도 사고, 술도 한잔 하고 그런 겁니다. 그런데 신기하게도 마을 경제에 활력이 돌기 시작 합니다. 금세공 장인이 보관증을 쓰면서 마을에 돈이 많아진 거예요.

어느 날 금세공 장인이 슬쩍 발행한 보관증을 가지고 가서 술집에서 술을 마셨어요. 술집 주인은 그 보관증으로 장화를 샀고, 장화 가게 주 인은 장화를 팔고 받은 그 보관증으로 식탁을 사고…. 이렇게 마을 사 람들은 사고 싶었지만 살 수 없었던 물건을 더 살 수 있게 됐어요. 금세 공 장인이 보관증을 더 발행하면, 마을 사람들은 물건을 더 살 수 있게 되는 거죠. 마법 같은 일이 일어난 거예요.

이렇게 되니까 금세공 장인은 조금 더 대담해졌습니다. 보관증을 빌 려주기 시작한 겁니다. 자기가 몰래 보관증을 발행해서 사용하는 것은 한계가 있잖아요? 갑자기 보관증을 많이 사용하면 사람들이 의심을 할 수도 있고요.

어느 날 옷감 만드는 친구가 찾아왔어요. 자기에게 보관증을 빌려주면 나중에 그만큼의 금과 이자까지 갚겠다고 한 거예요. 사람들이 물건을 점점 많이 사는 걸 보니 이때 투자를 해서 옷감 만드는 작업실을 확장하고 물건을 더 많이 만들면 잘될 것 같다고 판단한 겁니다. 작업실을 확장하려면 목재도 구해야 하고, 목수도 구해야 하고, 베틀도 사야 하잖아요. 그래서 보관증을 빌려 달라고 온 거죠.

금세공 장인 입장에서는 손해 볼 것이 없었어요. 어차피 사람들은 금을 바로 찾으러 오지 않을 테니, 일단 친구에게 보관증을 써 줍니다. 자기는 아무것도 투자하지 않고 이자를 받을 수 있으니 대박인 장사죠. 그래서 금을 맡기지 않은 사람들에게도 이자를 받고 보관증을 발행해 주기 시작합니다. 금세공 장인은 이제 반지나 목걸이를 만드는 일에는 관심이 없어졌어요. 머리를 잘 쓰면 책상 위에서 금이 막 만들어지고, 세상에 없던 이자가 생겨나는 판인데 힘들여 반지를 만들 이유가 없었죠. 금세공 장인은 이제 본격적으로 금융업을 시작합니다.

금을 맡긴 사람의 10퍼센트만 다시

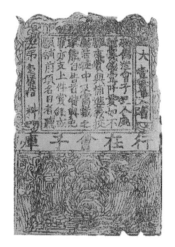

11세기 중국 송나라에서 세계 최초로 발행된 지폐. 지폐의 역사는 서양보다 동양이 더 오래된 걸로 알려져 있다.

찾으러 온다고 했죠? 그러니까 금 1킬로그램이 금고에 있다면 10킬로그램의 보관증을 발행할 수 있다는 계산이 나와요. 그럼 이제 1킬로그램만 남겨 놓고 9킬로그램의 금 보관증을 발행해서 빌려줄 수 있게 되었습니다. 물론 이자도 챙기고요. 그런데 이렇게 되니 금고에 금을 좀 더 많이 보관해야 할 필요가 생겼습니다. 금을 많이 가지고 있으면 보관증을 많이 발행할 수 있잖아요. 원래 금 주인들이 찾으러 올지 모르니 무턱대고 보관증을 발행할 수는 없었습니다.

그래서 다시 생각을 뒤집습니다. 원래 금세공 장인은 자신의 금고에 금을 보관해 주고 보관료를 받았어요. 그런데 그 보관료 수입보다 더 큰 보관증 발행 수입과 이자 수입이 생긴 거예요. 금세공 장인은 자기 금고에 무료로 금을 맡길 수 있다고 광고를 합니다. 그러자 비슷한 생각을 하던 주변의 금세공 장인들도 무료로 금을 맡아 주기 시작했어요. 안 되겠다 싶어 자기 금고에 금을 맡기면 이자를 주기로 결정했죠. 금이 많아져야 보관증을 많이 발행할 수 있으니까요. 그래서 공격적으로 이자를 주기 시작했습니다.

이것이 화폐가 시작되어 지금까지 온 간략한 역사이고, 은행과 금융업의 기본 원리예요. 은행은 금세공 장인이고, 화폐는 보관증이죠. 보관증에 찍혀 있는 금세공 장인의 사인은, 한국은행권에 찍혀 있는 한국은행장의 직인이구요. 은행에서 이자를 주는 이유도 금세공 장인이 이자를 주려고 했던 것과 같은 이유예요. 마찬가지로 은행은 고객들이 맡긴 예금보다 대출을 많이 해 줄 수 있지만, 앞에서 10퍼센트가 금을 찾으러 올 것을 대비해 가지고 있는 금의 9배까지만 대출해 줄 수 있었던 것처럼 정해진 기준을 따라야 합니다. 그 기준을 정하는 것이 중앙은행이구요.

●——

　생각했던 것보다 어렵지 않고 재미있어요. 돈이 그렇게 만들어진 거군요.

●——

돈의 역사를 이해하는 것은 중요합니다. 우리 경제가 어떻게 돌아가는지 그 원리가 잘 담겨 있거든요. 경제학이 복잡하다고 하지만, 기본적인 원리들은 모두 이렇게 간단한 구조로 되어 있습니다. 그런데도 어렵다고 느끼는 이유는 이게 왜 만들어졌는지, 어떻게 만들어졌는지, 어떻게 사용되고 있는지에 대한 이해가 부족하기 때문인 경우가 많아요.

지금까지 시장과 화폐에 대해 살펴보았습니다. 여기까지만 알아도 경제학을 공부하기 위한 기초 체력은 만들어졌다고 할 수 있을 거예요. 하지만 경제학의 세계는 넓습니다. 아직 공부할 게 많죠. 그리고 꽤 재미가 있어요. 그럼 이제 본격적으로 경제와 현실의 연결 고리를 찾으러 가 봅시다.

경제학(Economics, 經濟學)　사람이 살아가는 데 필요한 물건(재화), 서비스(용역) 등을 만들어 내고(생산) 다시 나누는 것(분배)을 '경제 현상'이라고 해요. 경제학은 경제 현상을 연구하는 사회과학의 한 분야입니다. 크게 보면 고전경제학, 마르크스경제학, 케인스경제학, 제도경제학, 통화경제학, 신고전파경제학, 행동경제학, 신제도주의경제학 등으로 나누어집니다.

환율(exchange rate, 換率)　한 나라의 화폐가 다른 나라의 화폐와 교환되는 비율을 말합니다. 자기 나라 화폐를 기준으로 해서 외국 화폐가 얼마의 가치를 지니는지를 보여 줍니다. 예를 들어 한국 입장에서 '달러 환율'은 미국 1달러를 한국 원화로 표시합니다. 달러 환율이 1,000원이라면, 미국 1달러를 구하기 위해 한국 돈 1,000원이 필요하다는 뜻이죠. 달러 환율은 무역에서 중요합니다. 달러 환율이 올라 1,000원에서 1,100원이 되면 수출을 하는 기업은 이득을 보고 수입을 하는 기업은 손해를 보게 됩니다. 미국에서 1달러에 팔리는 노트를 수출하는 기업은 같은 노트 1권을 팔아 전보다 100원을 더 벌겠죠. 반대로 외국에서 종이 만드는 펄프를 수입하는 기업은 1달러어치의 펄프를 1,000원에 사 왔는데, 이제부터 1,100원을 주고 사 와야 하니 손해를 보는 겁니다.

규모의 경제(economies of scale, 規模의 經濟)　물건을 만들 때, 조금 만드는 것보다 많이 만들 때 더 싸게 만들 수 있는 경우가 많습니다. 경제학 용어로 설명하면 '투입 규모가 커질수록 장기평균비용이 줄어드는 현상'인데, 이를 규모의 경제라고 부릅니다. 망(네트워크)을 설치해서 운용하는 전력이나 통신 산업에서 규모의 경제가 잘 나타납니다. 전기를 공급하기 위한 전력망, 이동통신 서비스를 제공하기 위한 기지국 등은 설치하는 것이 어렵지만, 한 번 설치하면 계속 사용하는 경우가 많습니다.

보이지 않는 손(invisible hand)　애덤 스미스가 자본주의 시장에서 자원이 사람들에게 나누어지는 것을 보고 비유적으로 표현한 말로, 후대에 많은 사람들이 인용했습니다. 시장에서는 물건이 만들어지고 나누어지는 과정이 개인들의 다양한 활동을 통해 이루어집니다. 왕이나 귀족의 보이는 손이 없는데도, 사람들에게 필요한 물건을 만들어 내고 나누어 주는 '보이지 않는 손'이 있는 것같이 시장이 조화롭게 돌아간다는 의미입니다.

시장(market, 市場)　판매자와 구매자가 서로 물건을 사고팔 수 있는 공간. 판매자와 구매자 사이에 거래를 하려면 기준이 있어야 합니다. 물물교환을 할 때도 밀가루 1포대와 옷감 1필을 바꾸어야 할지 2필을 바꾸어야 할지 결정을 해야겠죠. 시장에서는 그 기준이 가격입니다. 따라서 가격이 시장을 조절하는 역할을 합니다.

프리드리히 하이에크(Friedrich Hayek, 1899~1992년)　경제학자이자 정치철학자. 자유주의의 입장에서 계획경제를 비판했습니다. 하이에크는 사회주의뿐만 아니라 복지국가도 비판했습니다. 1960년대까지 호황이던 서유럽과 미국의 경제가, 1970년대에 들어서면서 나빠졌습니다. 하이에크는 그 원인을 과도한 복지 정책과 정부의 경제 개입이라고 보았죠. 이런 하이에크의 생각에 동의했던 사람 중에는 영국의 대처 수상과 미국의 레이건 대통령이 있었습니다. 이들은 대처리즘과 레이거노믹스라는 정책 방향을 잡았습니다. 복지를 줄이고 정부의 시장 개입도 줄이는 방향이었습니다. 이를 통해 신자유주의가 등장했습니다. 그런 점에서 하이에크는 신자유주의의 이론적 배경을 제공했다고 할 수 있습니다.

자원 배분(resource allocation, 資源配分)
한 나라에는 많은 자원들이 있습니다. 이 자원들은 재화와 용역을 생산하는 데 필요하죠. 한편 생산된 재화와 용역은 다시 개인 소비자, 기업 소비자, 정부 소비자에게 나누어집니다. 이렇게 자원들이 생산과 소비 과정에서 나누어지는 것을 자원 배분 혹은 배분이라고 부릅니다.
자원 배분은 보통 시장에서 이루어집니다. 시장에서 물건을 사고판다는 것은 자원을 나눈다는 뜻이기도 하니까요. 하지만 시장에 의해서만 자원이 배분되는 것은 아닙니다. 극장에서 영화를 볼 수 있는 자원은 선착순에 의해 결정이 되죠. 돈이 아무리 많아도 순서대로 파는 표가 매진되면 영화를 볼 수 없잖아요. 공립 유치원에 다닐 수 있는 자격은 추첨을 통해 분배됩니다. 물론 자본주의 사회에서 자원을 배분하는 가장 중요한 방식은 시장과 가격 체제입니다.

사회적 후생(social welfare, 社會的 厚生) 시장이 사회에 가져다 준 행복, 또는 사회 구성원 개개인의 이득의 총합을 뜻합니다. 사회적 후생을 통하여 그 사회 구성원들의 복지 수준을 가늠할 수 있습니다.

정보의 비대칭성(asymmetric information, 情報의 非對稱) 정보가 한쪽으로 치우치는 현상을 말합니다. 시장에서 거래를 할 때 누군가 더 많고 좋은 정보를 가지고 있다면 공정하게 거래가 이루어지기 어려울 겁니다. 공정하게 거래가 이루어지지 않는 경우에 문제가 생길 것이고, 이것은 시장이 지니는 큰 부작용이 되기도 합니다. 역선택과 도덕적 해이가 정보의 비대칭성으로 인해 발생하는 대표적인 문제입니다.

역선택(adverse selection, 逆選擇) 거래를 할 때 정보가 충분하지 않아서, 나쁜 상대와 거래를 하거나 나쁜 품질의 상품을 구입할 가능성이 높아지는 현상을 말합니다. 모든 거래에는 역선택의 속성이 숨어 있습니다.

도덕적 해이(moral hazard, 道德的 解弛) 정보의 비대칭성으로 인해 정보를 가진 쪽이, 그렇지 못한 쪽 입장에서 볼 때 바람직하지 못한 '행동'을 하는 것을 말합니다.

게임이론(game theory) 전통적인 경제학에서는 경제 행동을 하는 기준이 가격 하나라고 생각했습니다. 하지만 현실에서 우리는 가격만을 놓고 경제적 행동을 하지는 않습니다. 상대방이 어떤 행동을 할 것인지를 추측하고 고려한 다음, 그에 따라 나에게 가장 이익이 많이 생기는 방향으로 행동합니다. 상대방이 할 수 있는 경제적 행동의 수에 따라 내 행동의 가짓수도 바뀌게 되며, 게임을 할 때의 전략적 행동과 같기 때문에 게임이론이라고 부릅니다.

담합(trust, 談合)   독일어로는 카르텔(kartell), 영어로는 트러스트(trust)라고 부릅니다. 기업들이 서로 약속을 하고 가격, 생산량, 거래 조건, 판매 지역 등을 조정하는 것입니다. 기업들이 시장에서 경쟁을 할 때는 소비자에게 이득이 될 수 있지만, 경쟁하지 않기로 약속을 하는 것이므로 소비자에게 불리할 수 있습니다.

- -

행동경제학(behavioral economics, 行動經濟學)   전통적인 경제학에서는 사람이 매우 합리적이고, 이성적이고, 개인주의적으로 행동한다고 전제합니다. 하지만 그런 사람을 실제 우리 주변에서 찾기는 힘듭니다. 행동경제학은 사람의 실제 경제적 행동을 연구해서 그 결과를 바탕으로 경제 현상을 설명합니다. 2002년 노벨 경제학상은 행동경제학을 연구한 대니얼 카너먼이라는 경제학자에게 돌아가기도 했습니다.

태환화폐와 불환화폐(convertible currency, 兌換貨幣 / inconvertible currency, 不換貨幣)   20세기 중반 이전까지만 해도 화폐를 은행에 가져가면 금이나 은으로 바꾸어 주었습니다. 이렇게 금이나 은으로 바꿀 수 있는 화폐를 태환화폐라고 부릅니다.

반대로 불환화폐는 화폐를 은행에 가져가도 금이나 은으로 바꾸어 주지 않습니다. 지금 우리가 쓰는 대부분의 화폐가 불환화폐입니다. 대신 불환화폐는 각 나라의 중앙은행이 신용을 보증합니다. 즉 그만큼의 가치를 지니고 있다는 점을 중앙은행이 보증해 주는 것이죠. 그래서 신용화폐라고도 부릅니다.

2부

경제학은 배워서
어디에 쓰나요?

경제와 현실의 연결 고리

개념만 알아도
반은 이해한다

앞에서 시장과 화폐에 대해서 간단하게 알아봤는데, 경제학이 조금 쉬워졌나요?

●──

　　뭔가 알 것 같기도 한데, 여전히 어려워요.

●──

어떤 부분이 어렵나요?

●──

　　일단 말이 너무 어려워요. 경제 용어들이 수도 없이 나오는데 무슨 뜻인지 잘 모르겠어요.

●──

그러면 조금 더 구체적으로 들어가 볼까요? 어떤 용어들이 가장 걸리죠?

경제 교과서에 효용, 수입 같은 개념들이 나오는데요. 알 듯 말 듯 정확한 뜻을 잘 모르겠어요.

경제학은 외국에서 들어온 학문입니다. 경제학에서 사용하는 단어도 모두 영어를 번역한 거라 원 단어의 의미를 먼저 살펴볼 필요가 있어요. 영어의 revenue와 income은 모두 우리말로 수입이라고 번역하지만, 둘의 의미는 달라요. revenue는 기업이 장사를 해서 벌어들이는 수입을 말해요. 예를 들어 1,000원짜리 물건 10개를 판 기업은 1만 원을 벌게 되는데, 이때의 수입을 revenue라고 합니다. 반면 income은 개인이 일을 해서 버는 수입을 말해요. 누군가가 한 달 동안 일을 하고 월급을 받으면 그건 income이죠. 경제학에서는 기업이 벌어들이는 돈과 개인이 벌어들이는 돈을 전혀 다른 영역으로 구분합니다.

'효용'의 영어 단어는 뭘까요? 효용은 utility를 번역한 것입니다. 유용함이라는 뜻이죠. 경제학에서 말하는 효용은 '사람들이 소비를 통해서 얻는 주관적인 만족'이라고 생각하면 됩니다.

사람들은 대부분 돈을 좋아하니까 수입이 높아지면 효용도 높아지는 거죠?

답을 하기 전에, 짚어야 할 게 있겠네요. 경제학은 학문입니다. 학문을 공부할 때는 그 학문에서 사용하는 개념들 사이의 관계를 이해하는 것이 중요해요. 우리가 매일 주고받는 대화와는 차이가 있습니다. 돈을 많이 벌면 기분이 좋은 건 사실이죠. 하지만 돈을 많이 벌면 기분이 좋다는 것과 수입이 많아지면 효용이 늘어난다는 경제학적 개념이 같다고 볼 수는 없어요. 일상에서 주고받는 대화와 학문적 개념을 섞으면 곤란해요. 그래서 경제학이 어려운 겁니다. 먹고사는 문제는 매일 일상에서 벌어지고 있지만, 경제학의 개념을 단순하게 적용할 수는 없습니다. 그렇다고 학문을 이론에만 국한시키자는 건 아닙니다. 학문과 일상을 잇는 다리는 학문적 개념들 사이의 관계를 이해하면 어느 정도 튼튼하게 놓을 수 있어요.

자, 효용의 개념을 다시 봅시다. 효용은 '사람들이 소비를 통해서 얻는 주관적인 만족'이라고 정의했어요. 효용이 생기려면 '소비'라는 행위가 있어야 하고, 소비를 하고 나서 '주관적인 만족'이 있어야 해요. 수입만 있고 소비가 없다면, 즉 돈을 벌기만 하고 쓰지 않는다면 효용은 생길 수 없어요.

주관적인 만족은 뭘까요? 주관적이라는 것은 자기의 견해나 관점을 기초로 하는 생각을 말해요. 그러니 사람마다 모두 다르겠죠. 그래서 객관적인 측정이 불가능합니다. 어떤 카페가 있습니다. 이곳에서는 커피만 팔고 있는데, 한 잔에 3,000원이에요. A라는 손님은 커피를 너무 좋아해요. 아침에 일어나자마자 커피부터 찾죠. A는 오늘 하루 종일 커피를 한 잔도 마시지 못해 너무 커피가 고픈데, 우연히 이 카페가 보여 들어왔습니다. B라는 손님은 원래 커피를 잘 마시지 않아요. 커피보다는 녹차나 주스를 좋아하죠. 친구와 이 카페 앞에서 만나기로 약속을 해서 기다리는 중입니다. 그런데 친구가 30분 늦게 온다고 연락이 왔어요. 날씨가 추워서 어쩔 수 없이 카페로 들어왔고, 자리만 차지하고 있기 미안해 커피를 주문하려고 해요.

커피를 너무 좋아하는 A는 3,000원에 팔고 있는 커피가 싸다고 생각합니다. 아마 4,000원에 판다고 해도 사서 마실 거예요. 친구를 기다리는 B는 같은 커피가 비싸다고 생각합니다. 2,000원이면 될 것 같은데 돈이 좀 아깝다고 생각해요. 같은 커피인데 A와 B의 생각이 다르죠? 주관적이네요. 효용은 바로 이런 주관적인 만족을 말합니다. 그리고 주관적이기 때문에 하나의 기준으로 측정할 수가 없어요. 같은 커피지만 10명이면 10명, 100명이면 100명 모두 만족도가 다를 겁니다. 정리를 해 보면, 수입이 늘어나면 효용이 늘어난다고 하기에는 중간에 생략된 것들이 너무 많습니다.

•——

그렇군요. 앞으로 경제 개념들에 대해 좀 더 신중하게 이해하고 사용해야겠어요. 교과서에서 '합리적 의사 결정'이라는 개념도 본 것 같아요. 이건 무슨 뜻인가요? 대충의 뜻은 알겠는데 경제학적으로 보려고 하니 어려워요.

•——

경제학에서 중요하게 다루는 것이 합리적 선택이라는 개념입니다. 일

상에서 주고받는 대화와 경제학 개념을 섞어서 쓰면 안 된다고 했습니다. 그런데 경제학에서 사용하는 개념과 다른 학문에서 사용하는 개념도 섞어서 쓰면 안 됩니다. 같은 단어라도 사용하는 방식이 다르거든요. '합리적'이라는 말이 그 대표적인 예입니다.

철학에서 '합리적'이라는 개념은 여러 가지를 의미합니다. 보통 합리적이라고 하면 reasonable이라는 단어를 쓰잖아요? 이것은 '사리 분별이 있는 / 논리적인'에 가까운 의미예요. 그런데 경제학에서 '합리적'이라는 단어는 영어로 rational이라고 쓰는데 '계산한다'는 의미가 있어요. 즉 계산하고 따져서 최대의 이득을 얻는 행위를 선택한다는 의미가 담겨 있죠. 따라서 경제학에서 사용하는 '합리적'이라는 용어의 뜻은, 비용보다 편익이 큰 쪽을 선택한다는 걸 말하는 경우가 많아요. 비용과 편익, 또 새로운 개념이 나왔네요.

비용의 영어 단어는 cost입니다. 어떤 일을 하기 위해 사용하는 노력이나 손실을 말하는데 보통은 돈으로 값을 치르잖아요? 그래서 대략적으로라도 측정할 수 있습니다. 마을에 도로 포장공사를 한다고 해 봅시다. 여기에는 인건비에 재료비가 들어갈 겁니다. 이건 당연히 돈으로 계산할 수 있습니다. 한편 공사를 하는 동안 먼지와 소음이 발생해 주변 사람들에게 피해가 가기도 하겠죠. 이것도 대략 기준을 정해서 손해가 얼마나 나는지 계산할 수 있어요. 이런 식으로 비용을 계산할 수 있습니다.

편익은 어떨까요. 편익은 영어로 benefit입니다. 무언가를 했을 때

얻는 혜택이죠. 정부에서 마을에 길을 닦는 공사를 했습니다. 길을 새로 닦으면, 마을 사람들이 편하게 오고 갈 수 있겠죠. 혜택이 생겼습니다. 원래 자연 경관이 좋은 곳인데 길이 불편해 여행객들이 오지 못했어요. 그런데 길이 정비되면서 여행객들이 찾아오고 관광 수입이라는 혜택이 생길 수 있습니다. 관광 수입 같은 경우는 측정이 가능하겠지만 실제로 마을 사람들이 느끼는 만족도는 측정하기 어렵습니다.

편익은 효용과 비슷합니다. 효용처럼 편익도 측정이 어려워요. 합리적으로 선택하려면 비용보다 편익이 높아야 하는데, 측정이 힘들다는 점에서 문제가 발생합니다. 합리적 선택이 어려운 겁니다.

그렇다면 주관적인 편익을 어떻게 계산해 낼 수 있을까요? 할 수 없이 추정(estimate)을 하게 됩니다. 이번에는 추정이라는 개념이 나왔군요. 만약 '네 머리카락이 몇 가닥이냐'라는 질문을 받았다면, 여러분은 이 문제를 어떻게 풀고 싶나요?

●――

음, 하나하나 세는 것이 제일 정확하기는 할 텐데…. 너무 오래 걸리고 세다가 까먹을 것 같아요.

●――

그렇죠. 이럴 때 추정이라는 방법을 활용할 수 있어요. 머리에 가로 1센티, 세로 1센티의 사각형을 그립니다. 그리고 그 안에 있는 머리카락의 숫자를 셉니다. 이 정도는 셀 수 있을 겁니다. 이제 머리카락이 나 있는 면적을 계산하고, 곱하기를 하면 대략 전체 머리카락의 숫자가 나오겠죠. 아주 정확하지는 않지만, 어느 정도는 맞을 거예요. 학자들은 이렇게 추정치를 구할 수 있는 다양한 방법을 고안해 냅니다. 계량 경제학자들이 이런 것들에 대한 연구를 많이 하죠. 편익의 추정치를 계산하고 비용보다 편익이 높으면 사업을 시작하게 됩니다. 이게 경제학에서 말하는 합리적 선택이죠.

　　그럼 경제학은 합리적 선택을 통해 효용을 추구하는 학문인가요?

경제학의 목표가 효용이라⋯. 다시 개념으로 들어가 봅시다. 경제학은 학문적으로 분류할 때 사회과학에 속해요. 사람들이 만든 사회를 연구하는 거죠. 사회는 사람들로 구성되어 있으니 결국 사람을 공부하는 것입니다. 사람들이 재화나 서비스를 어떻게 만들고, 누가 사용하고, 가격은 어떻게 매겨지는지를 연구하는 것이 경제학입니다. 그런데 경제학이 생각하는 사람의 행동에는 중요한 전제가 있습니다. 바로 사람은 경제 활동을 할 때 합리적으로 선택한다는 것입니다. 그러니까 경제학은 효용을 추구하는 것처럼 보이는 거죠.

　정리해 보면 경제학이 효용을 추구하는 것이 아니라, 경제학은 '효용을 추구하는 인간의 경제 활동을 연구하는 것'이라고 말하는 것이 정확합니다.

　　그런데 사람들은 합리적 선택을 안 하기도 하고, 효율성을 추구하지도 않는 것 같은데요. 저도 지름신이 내려서 충동구매를 할 때가 얼마나 많다구요.

●──

맞아요. 사람들은 합리적이지도 않고, 효용을 추구하지 않을 때도 많아요. 그래서 '전제'라는 표현을 사용했습니다. 사람들이 합리적이고 효율적일 거라고 가정한다는 뜻이죠. 그럼 왜 이런 가정을 하는 걸까요?

사람들의 경제 활동을 살펴보면 이상한 일들이 많이 벌어져요. 같은 물건을 백화점에서는 비싸게 팔고 아웃렛에서는 싸게 팔아요. 그럼 아웃렛에서 사는 게 합리적 선택이겠죠. 적은 비용으로 같은 물건을 살 수 있으니까요. 그런데도 많은 사람들이 백화점에 가서 비싼 값을 치르고 물건을 삽니다. 이런 일들은 셀 수 없이 많아요. 이런 상황들을 일일이 따지다 보면 이론적으로 정리를 할 수가 없어요. 그래서 '가정'을 하는 거죠. '인간은 합리적 선택을 하고 효율적으로 행동한다'라고 가정했을 때, 재화와 서비스는 어떻게 만들어 누가 사용하고, 그것들의 가격이 어떻게 매겨지는지 연구할 수 있죠. 경제학 원론에서는 이렇게 가정을 하고 경제 활동의 원리를 정리합니다.

물론 지금 이야기하고 있는 주류경제학의 이런 가정들이 완벽한 건 아니에요. 앞에서 행동경제학에 대해 잠깐 이야기했었죠? 심리학에서 바라보는 인간의 실제적인 행동과 경제학을 접목하는 학문이 행동경제학입니다. 행동경제학은 매우 흥미로워요. 눈앞에서 펼쳐지는 사람들의 경제 활동을 현실적으로 설명해 줄 수 있기 때문이죠.

우리는 합리적인 선택을 하지 못할 때가 많다. 광고판에 현혹돼 지갑을 열 때가 얼마나 많은가.

경제학을 설명하는
아주 간단한 원리

교수님 설명대로라면 현실에 더 잘 맞는 방식으로 경제를 설명하는 것이 맞지 않나요?

●——

그렇게 볼 수도 있죠. 그래서 행동경제학 같은 학문이 주목을 많이 받고 있구요. 그런데 경제학 원론은 접근 방식이 조금 다릅니다. 현실에 기초를 두지만, 하나의 경제학 모델을 만들기 위해서는 다른 접근이 필요해요. 말이 조금 어려울 수도 있는데, '인간은 합리적이다'라고 가정하고 경제 활동을 해석하면 몇 가지 간단한 규칙들로 인간의 경제 활동을 쉽게 설명할 수 있습니다.

자, 그럼 균형이라는 개념을 살펴보면서 경제학 원리에 대해 좀 더 풀어 봅시다. 균형이라는 개념, 기억나요?

앞에서 내시 균형 이야기를 해 주시면서 나왔던 것 같은데요.

자, 그럼 묻겠습니다. 균형이 뭔가요?

음….

그럼 시장은 뭐죠?

질문은 저희가 해야죠. 교수님이 저희한테 자꾸 질문을 하시면 어떻게 해요!

질문에 답을 하다 보면 저절로 공부가 될 때가 많기 때문이죠. 앞에서도 얘기했듯이 시장은 재화와 서비스가 거래되는 곳을 말합니다. 마트에 가면 물건을 사고팝니다. 증권 거래소에 가면 주식을 사고팔죠. 이렇게 재화와 서비스가 거래되는 곳을 시장이라고 합니다. 그런데 시장에서 재화와 서비스가 거래되려면 어떤 조건이 있어야 할까요?

물건을 파는 사람도 있어야 하고, 살 사람도 있어야 하고, 물건도 있어야 하고, 돈도 있어야 해요.

맞습니다. 시장이 성립하기 위해서는 먼저 상품(재화와 서비스)이 있어야 합니다. 다음으로 상품을 파는 사람이 있어야 하고, 사는 사람이 있어야 해요. 보통 이 세 가지가 존재하는 곳을 시장이라고 하죠.

상품을 사려는 욕구를 경제학에서는 수요라고 부릅니다. 상품을 팔려는 욕구를 공급이라고 하구요. 그런데 거래가 일어나려면 수요와 공급이 만나는 지점이 있어야 합니다. 이때 바로 균형이 일어나죠. 균형이란 영어로 equilibrium이라고 하는데 물리학에서 온 용어예요. 같은 무게의 두 물체를 저울 좌우에 놓으면 저울이 움직이지 않아요. 이 상태가 바로 균형이에요.

●——

저는 줄타기하는 사람도 생각나요. 뭔가 흥미진진한데요! 더 자세하게 설명해 주세요.

●——

그렇게 그림으로 그려진다니 뿌듯하네요. 사실 우리가 균형이라는 말을 쉽게 하지만 이해하기 쉬운 개념은 아니에요. 이 균형이 일어나는 모습을 좀 더 자세히 살펴봅시다.

시장에 상품을 사려는 사람들이 아주 많아요. 그러면 이들은 서로 상품을 사겠다고 경쟁을 벌입니다. 쉽게 말해 돈을 더 주고라도 상품을 사려고 하겠죠. 그러면 자연히 상품의 가격이 올라갑니다. 상품을 파는 사람들은 이때다 싶어 더 많은 돈을 벌기 위해 더 많은 상품을 시장에 내놓습니다. 이제 상품이 전보다 많아졌으니 구매자들의 경쟁이 조금 덜 치열해졌습니다. 이렇게 사려는 사람들의 경쟁이 약화되면 가격은 어떻게 될까요? 가격이 낮아지기 시작합니다. 이렇게 시장에서 수요와 공급이 서로 영향을 미치며 밀당을 하다가 결국 한 점으로 모이게 돼요. 이게 균형이에요. 수요와 공급도 결국 상품의 가격을 기준으로 판단하게 되는데, 수요와 공급이 만나는 점의 가격이 균형가격이 됩니다.

그런데 이 상황에는 몇 가지 전제가 포함되어 있어요. 우선 사람들은 합리적인 선택을 하고 있습니다. 가격이 올라가면 소비를 줄이고, 가격이 내려가면 시장에 내놓는 물건을 줄여요. 하지만 실제로 모두 이렇게 행동하는 것은 아니에요. 가격이 올라도 소비를 늘리고 가격이 내려가는데 시장에 물건을 더 많이 내놓기도 하죠. 하지만 이런 상황을 살짝 무시하고 몇 가지 경제학적 전제를 하면, 시장에서 상품 가격이 어떻게 형성되는지 간단하게 이해할 수 있습니다. 하나의 모델을 만드는 거죠. 그렇게 만들어진 모델이 바로 이겁니다. 시장에서 수요와 공급이 일치하지 않으면 거래하지 않고 가격이 조정되고 수요와 공급이 이 가격에 반응하다가 결국은 균형에 도달하게 된다는 것!

물론 앞에서 내시 균형을 설명하면서 게임이론에서는 균형점이 여러 개 생길 수 있다고 이야기한 것을 까먹지는 말구요.

•– –

시장, 수요와 공급, 인간의 경제 활동에 대해 몇 가지 전제를 하면 가격이 어떻게 책정되는지 알 수 있겠군요?

일상의 개념과 학문의 개념을 혼동하면 안 된다고 했죠? 연습이 필요한 부분입니다. 방금 가격이 책정된다고 했습니다. 가격을 누군가가 정한다는 거죠. 생활 속에서 많이 사용하는 개념이기는 해요. 물건을 팔려면 누군가는 가격표에 얼마인지 써 넣어야 하니까요. 하지만 균형가격은 그런 뜻은 아닙니다. 균형가격은 누가 정하는 것이 아니에요. 물건을 원하는 사람들과 물건을 팔려는 사람들이 시장에 모여 마구마구 거래를 하다 보면, 딱 만나는 지점이 생기는 겁니다. 이런 모습을 잘 볼 수 있는 곳은 주식 시장 같은 곳이에요.

주식 시장이요?

케이블 채널을 돌리다 주식 채널을 본 적이 있을 겁니다. 회사 이름들이 쭉 나오고, 어제는 얼마가 내렸는데 오늘은 얼마가 올랐으니 지금 팔아야 한다고 아저씨들이 나와서 열변을 토하는 모습을 본 적이 있죠? 주식 시장 상황을 생중계하는 채널입니다.

주식이라는 건 뭘까요? 회사를 운영하려면 돈이 필요하죠? 요즘에는 기계도 비싸고, 인건비도 비싸고, 회사의 규모도 커야 하니 돈이 많이 필요합니다. 그런데 이렇게 돈을 많이 가지고 있는 사람은 거의 없어요. 은행에서 빌리기도 하고, 외국 투자자에게 빌리기도 하지만, 늘 충분한 만큼 빌릴 수도 없구요. 그래서 사람들에게 돈을 조금씩 빌립니다. 만약 100만 원씩 1만 명에게 빌릴 수 있다면, 100억 원의 돈을 빌리는 셈이 됩니다. 보통 이런 것을 회사채, 즉 회사가 발행하는 채권이라고 불러요. 이렇게 회사에 돈을 빌려준 사람들은 나중에 원금과 이자를 그 회사에서 받아 갑니다.

주식은 조금 달라요. 이건 일종의 권리라고 보면 됩니다. 자, 돈이 많이 필요한 회사가 1만 개의 주식을 발행해요. 그러면 사람들이 그 주식을 사려고 합니다. 만약 회사의 아이템이 좋으면 사람들이 비싼 가격을 주고서라도 사려고 하겠죠? 그래서 100만 원을 주고 주식 하나를 샀고 1만 개의 주식이 다 팔렸어요. 회사 입장에서 보면 100억 원의 돈이 생겼고, 나는 1개의 주식이 생겼어요. 나는 이제 그 회사의 주주가 되었습니다. 회사는 100억의 돈을 가지고 공장을 짓고, 물건을 만들어 장사를 합니다. 그러면 이익이 생기겠죠? 회사는 생겨난 이익을 주식을 가지고 있는 사람들, 즉 주주에게 나누어 줍니다. 예를 들어 20억의 순이익이 생겼는데, 그 가운데 10억 원을 주주에게 나누어 주기로 합니다. 똑같이 1만 개로 쪼개면 1주 당 10만 원이네요. 나는 1주를 가지고 있으니까 10만 원을 받을 수 있어요. 2주를 가지고 있으면 20만 원을 받고, 10주를 가지고 있으면 100만 원을 받아요.

주식은 여기서 멈추지 않아요. 주식을 많이 가지고 있으면 회사 경영에도 참여할 수 있어요. 1만 개의 주식을 발행했는데, 1명이 5,100개의 주식을 샀다고 쳐 보죠. 그러면 이 사람은 회사의 경영에 참여할 수 있는 지분 51퍼센트를 가지게 되는 거예요.

이런 주식은 시장에서 사고팔 수 있어요. 회사가 처음 설립됐을 때, 사람들의 주목을 받지 못하고 있어서, 1주에 1만 원에 샀다고 쳐요. 그런데 회사가 계속 성장하고 잘 나가는 거예요. 그래서 누군가 그 주식을 1주에 10만 원을 받고 팔라고 합니다. 그러면 나는 10만 원에 팔아 9만 원의 이익을 봅니다. 이렇게 주식이 거래되는 시장이 주식 시장이에요. 주식 시장에는 엄청나게 많은 사람들이 매일 모여서 주식을 사고팝니다. 그래서 주식의 가격이 오르기도 하고 내리기도 하는 모습이 매우 역동적으로 나타나죠.

사실 이렇게 역동적으로 움직이는 시장은 그렇게 많지 않아요. 주식 시장에서는 주식의 가격이 하루에도 몇 번씩 변하죠. 하지만 실제 시장에서는 어떤 상품의 가격이 그렇게 쉽게 변하지 않아요. 마트에서 세일을 하기도 하지만, 가격이 오랫동안 변하지 않는 경우가 더 많아요. 라면 값이나 과자 값을 보면 거의 변동이 없잖아요. 물건의 수요와 공급은 매일 변하지만 가격은 잘 변동되지 않는 거죠. 또 이런 경우가 있을까요?

●――

일을 하려는 사람을 공급이라고 하고 그걸 사려는 회사를 수요라고 하면, 월급은 균형가격이지만, 월급은 자주 변하지 않아요.

●――

맞아요. 정규직으로 일하는 사람들에게 고정되어 있는 경우가 많아요. 최저임금이라는 제도도 있어요. 이 제도 때문에 어떤 일을 하건 법으로 정해진 최저임금보다 낮게 임금을 줄 수는 없어요. 그 일을 하려는 사람이 무척 많아서, 즉 수요가 무척 많아 균형가격이 낮아질 수 있는 상황에서도 최저임금은 유지해야 합니다.

경제학은
전지전능한 신이 아니다

경제학 원리들이 실제 상황과는 많이 다른 것 같아요. 경제학 이론들은 실제 생활에 적용이 잘 안 되는 건가요?

질문에 답을 하기 전에 두 가지로 나눠 생각해 봅시다. 경제학 원리는 실생활에 적용되지 않는 것일까 하는 점과 우리는 경제학 원리대로 행동해야 하는 것일까 하는 겁니다. 먼저 경제학 원리는 실생활에 적용되지 않는, 그저 책 속에만 존재하는 어려운 이론인지에 대해서 생각해 볼까요?

최저임금에 대해 살펴봅시다. 최저임금은 최저임금위원회라는 곳에서 결정해요. 그 위원회에 속한 사람들이 여러 가지 자료를 놓고 판단하죠. 먼저 기본적인 생활을 유지하기 위한 식료품의 가격, 주거비,

전기와 가스비, 문화생활비 등을 검토합니다. 여기에 하루에 사람들이 일하는 시간, 회사들이 줄 수 있는 월급 수준도 고려해요. 이렇게 여러 가지 자료를 놓고 최저임금을 결정합니다. 그리고 이보다 임금을 낮게 주면 형사 처벌을 받습니다.

그런데 이렇게 되면 문제가 생겨요. 한 편의점이 있습니다. 장사가 잘 되지 않아 아르바이트생을 고용하기가 힘들어요. 작년까지는 시급 4,500원에 아르바이트생 둘을 고용해 주인까지 세 명이 간신히 3교대로 일을 했어요. 그런데 내년 최저임금이 시간당 5,000원으로 결정되었고 이제 주인은 판단을 해야 합니다. 5,000원을 주고 두 명을 고용해서 장사를 할 것인가, 아니면 편의점 문을 닫고 다른 일을 알아볼 것인가. 만약 작년처럼 4,500원에 두 명을 고용했다가 노동부에 걸리면 고발당해요.

주인이 편의점 문을 닫으면 그나마 있던 4,500원짜리 일자리 두 개가 사라지게 됩니다. 이렇게 되면 그 돈이라도 벌 수 있었던 아르바이트생은 아예 돈을 못 벌게 되겠죠. 이런 일들이 전국적으로 벌어진다고 생각해 보세요. 시장에 노동력을 공급하려는 아르바이트생들이 늘어날수록 실업자들도 늘어나는 거죠. 우선은 법을 어기면서까지 아르바이트를 하려는 사람들이 생겨날 것이고, 이 사람들을 쓰려는 편의점 주인들도 생겨날 겁니다.

많은 경제학자들이 이런 이유로 최저임금을 정하는 일 같은 정부의 개입을 반대해요. 어차피 시장은 자연스럽게 균형을 찾을 텐데 괜히

최저임금 인상을 요구하며 시위하는 사람들의 모습. 얼마 전에는 현재의 최저임금을, 생활임금 수준인 1만 원으로 대폭 인상할 것을 주장하는 최저임금1만원위원회가 설립되기도 했다.

정부가 개입하면 부작용만 생길 수 있다고요. 편의점 아르바이트 상황에서 나타나잖아요. 어차피 편의점 주인은 최저임금인 5,000원을 주고 아르바이트를 구할 형편이 못 되고, 5,000원 이하의 돈을 받고서라도 일을 하겠다는 아르바이트생은 있어요. 그러면 불법적으로 시급보다 낮은 알바비를 주고받으면서 일을 하는 편의점 주인과 아르바이트생이 생겨나겠죠. 단속을 하고 처벌을 해도, 어쨌건 현실은 그렇게 굴러갈 겁니다. 모든 것을 단속할 수는 없잖아요. 다시 말하면 현실을 깨뜨릴 힘이 약한 것이죠.

●——

그래도 최저임금 제도는 있어야 하지 않을까요? 약한 사람들이 돈을 벌 수 있도록 보호해 줘야 하잖아요.

●——

만약 임금을 노동 시장의 수요·공급 원칙에 맡겨 둔다고 해 보죠. 회사는 기술과 경험이 많은 숙련된 노동자들을 많은 임금을 주고 고용할 겁니다. 그런데 숙련된 노동자들은 많지 않아요. 공급이 적다는 얘기죠. 하지만 수요, 그러니까 이런 경험 많은 기술자를 원하는 회사는 많아요. 당연히 이들은 월급을 많이 받을 겁니다. 그런데 이제 막 고등학교, 혹은 대학을 갓 졸업한, 여러분 또래의 사람들은 어떨까요? 이 사람들은 기술이 부족하고 경험이 많지도 않아요. 그런데 그 수는 많죠. 공급이 많은 겁니다. 그래서 수많은 경쟁자들 중에서 선택받기 위해 엄청난 스펙을 쌓습니다. 하지만 모두들 스펙을 쌓으니 사실 다들 비슷해요. 공급이 줄지 않으니 임금은 낮게 책정됩니다. 그러면 많은 사람들이 인간적인 생활을 할 수가 없겠죠? 그래서 정부가 최저임금을 정하고, 그걸 지키지 않는 것을 범죄로 취급하는 거예요. 최저임금 제도의 가장 직접적인 혜택을 받는 부류는 이제 막 학교를 졸업한 사회 초년생들이에요.

최저임금 제도는 시장에서 수요와 공급이 만드는 균형을 깨뜨리는 일입니다. 경제학 원리에 반대되는 행동이죠. 하지만 그 제도를 시행하지 않으면 고통받는 사람들이 생겨요. 그러면 선택을 해야겠죠. 일단 최저임금 제도를 시행해서 고통받는 사람들을 도와주고 그사이에

이 사진의 제목은 '버거 세트 님, 제 시급보다 비싸시네요'다. 2020년 대한민국 최저임금은 8,590원이고 버거왕 프리미엄 세트는 9,500원이다.

경기를 회복시켜 좋은 일자리를 많이 만들 것인가, 아니면 고통받는 사람들이 있더라도 시장의 힘에 거스르지 않고 자연스럽게 균형을 찾아가게 기다릴 것인가.

경제학이 이런 문제들에 대해 완벽한 답을 줄 수는 없어요. 우리가 어떤 선택을 할 것인지, 그 선택을 하면 어떤 결과가 나올 것인지에 대해 예측을 하게 해 주는 학문이 경제학이죠. 물론 경제학에는 분명한 원리가 있어요. 하지만 경제학 원리와 별도로 우리는 다른 선택을 할 수 있어요. 최저임금을 현실화해서 가난한 아르바이트생에게 도움을 주는 겁니다. 경제학은 이런 결정을 하는 데 도움이 됩니다. 우리나라 아르바이트생의 평균 시급을 계산할 수 있어야 최저임금을 올릴 것인지 내릴 것인지 판단할 수 있겠죠? 경제 전문가들이 그걸 계산하고, 또 시급을 올리거나 내리면 얼마 동안 어떤 일들이 벌어질지에 대해서 예측을 합니다. 그러면 그걸 감안해서 정부 경제부처에서 경제 정책을 제안할 것이고 우리는 그 정책에 대해 냉철하고 현명하게 경제학적 판단을 할 수 있어야 해요.

좋은 독과점과
나쁜 독과점

그러면 독과점을 하지 못하게 하는 것도 최저임금 제도와 같은 취지라고 보면 되나요? 예를 들면 약한 기업과 소비자를 보호해 주는 장치 같은 거요.

●--

독과점은 하나의 개념은 아니에요. 독점과 과점을 보통 독과점이라고 묶어서 부르기는 하는데, 일단 개념부터 정리해 봅시다.

독점은 하나의 기업이 상품 생산과 시장을 지배하는 상황을 말합니다. 시장에는 오직 그 기업의 상품만 존재하죠. 우리는 매일 전기를 사용합니다. 여러분 가운데 한국전력 말고 다른 회사의 전기를 사용하고 사용료를 내는 걸 본 사람이 있나요? 아마 없을 겁니다. 한국의 전력산업은 독점입니다. 한편 과점은 시장에 소수의 기업이 상품을 공급하는 것을 뜻합니다. 기업들이 소수라면 담합을 하기 쉬워집니다. 그리고 담합을 하게 되면 독점과 비슷한 효과를 낼 수 있겠죠. 이런 경우들을 가리켜 독과점이라고 부릅니다.

우리나라에는 독과점을 금지하는 법이 있습니다. '독점규제 및 공정거래에 관한 법률', 줄여서 '공정거래법'이라고 부르죠. 어기면 과징금이나 벌금을 물기도 하고, 징역형을 받기도 해요. 시장에서 독과점이 일어나는지 감시하는 정부 기구도 있죠. 공정거래위원회인데 위원장은 장관급이고 위원들은 차관급으로, 매우 강력한 힘을 지닌 기구입니다. 강력한 법률과 강력한 정부 기구가 있다는 것은 독과점을 강력하게 금지시키겠다는 의지를 나타내는 겁니다.

경제학은 사람들이 경제 활동을 하는 데 필요한 판단 기준을 마련해 준다고 했습니다. 그리고 어떤 선택을 할 것인지는 우리의 몫이죠. 그럼 다시 질문으로 돌아갑시다. '독과점을 금지하는 것은 약한 기업과 소비자를 보호하기 위한 장치인가?'라는 질문이었죠?

자, 이렇게 생각해 보죠. 독과점은 정말 나쁜 것인가요? 그리고 혹시 정부가 시장에 개입을 하기 때문에 독과점이 생겨나는 것은 아닐까요?

•——

독과점이 나쁜 게 아니라면 왜 법까지 만들어서 규제를 하는 거에요?

•——

독과점에는 양면성이 있어요. 찬찬히 살펴봅시다. 독과점을 금지하는 법과 제도가 있는가 하면, 독과점으로 갈 수 있는 길을 장려하는 법과 제도도 있어요. 발명 특허나 저작권은 창의성과 노력을 인정해 수십 년 동안 권리가 유지됩니다. 다른 사람이 함부로 도용할 수가 없어요. 아이폰을 예로 들어 봅시다. 아이폰을 만든 애플이 삼성의 갤럭시가 자신들의 디자인 특허를 침해했다고 1억 달러 규모의 소송을 냈습니다. 이런 소송이 가능한 이유가 뭘까요?

　창의적인 발상을 해서 좋은 제품을 만들기 위해 노력한 사람의 권리를 보장해 주어야 하니까요. 그 사람이 노력한 만큼 돈을 벌 수 있게 지켜 줄 필요가 있잖아요.

맞아요. 그래서 특허권, 저작권이 인정되는 겁니다. 사실상 독점권이죠. 그리고 이런 특허권과 저작권을 가지고 돈을 많이 버는 것도 문제가 되질 않아요. 이렇게 독점을 인정해 주는 경우도 있습니다.

　하지만 피해를 주는 독과점은 막을 필요가 있는 것 같아요.

맞아요. 여러분과 가장 가까운 곳에서 나쁜 독과점의 사례를 찾아볼까요? 여러분이 지금 입고 있는 교복이 있군요. 전국 대부분의 고등학생들이 교복을 입죠? 그렇다면 교복업계는 엄청나게 큰 시장이겠네요. 이 거대한 시장에 독과점이 일어난 적이 있어요. 네 개의 큰 브랜드 교복 제조업자들이 친목을 도모하는 협회를 만듭니다. 협회는 매년 친목을 다지는 단합대회를 여는데, 여기에 이 네 개의 교복 제조업자들이 참가해요. 그런데 이상하게 이 단합대회만 끝나고 나면 교복 값이 10퍼센트씩 올라갑니다. 단합대회가 아니라 담합대회였던 거죠. 담합은 이렇게 몇 개 기업이 서로 약속을 하고 경쟁을 회피하는 것을 말합니다. 독점의 한 형태이지요. 실제로 교복업체들이 공정거래위원회에 적발되어 과징금을 내는 일은 자주 발생합니다. 이렇게 담합이 일어나면 여러분은 비싼 값을 치르고 교복을 사야 해요. 교복업체들끼리 경쟁을 하면 교복 값이 내려갈 가능성도 있을 텐데, 오히려 올라간 거예요. 소비자에게 피해가 생겼다고 볼 수 있으니, 규제를 합니다.

어쨌건 법도 만들고, 단속 기관도 만들고, 과징금도 물리고 하는데, 이상하게 독과점이 잘 줄어들지 않아요. 교복업체들은 과징금을 내고 또 담합을 해요. 과징금보다 더 큰 이득을 얻을 수 있기 때문에 어떻게든 담합을 하려고 하는 거죠. 그래서 정부가 두 팔을 걷고 직접 나서는 경우가 생겨요. 어떻게 해도 독과점이 생길 것 같으니 아예 정부가 독점을 해 버리는 거죠.

●——

아까 이야기하신 한국전력 같은 거군요.

●——

맞아요. 많은 공기업들이 이런 생각에서 만들어진 겁니다. 도로공사, 철도회사, 가스공사, 상하수도 등 정부만 운영할 수 있게 법으로 정해

놓는 회사들이 많이 생겨났습니다. 그런데 또다른 문제가 발생하기 시작합니다. 정부가 이런 기업을 운영하는 이유는 소비자에게 피해가 가지 않게 하기 위해서입니다. 즉 이윤을 덜 내더라도 저렴한 가격으로 상품과 서비스를 제공하는 것이 목표입니다. 그러다 보니 적자가 나기 쉬워요. 꼭 필요한 생필품의 경우, 일부러 적자를 내기도 하고요. 예를 들어 수돗물 1톤의 생산 원가는 960원 정도 하는데, 실제 우리는 610원 정도에 구매해서 사용합니다. 원가가 상승해도 그것에 맞춰 가격을 올리기 힘들어요. 가격을 올리면 사람들이 정부를 비난할 테고 정부의 인기가 떨어지거든요. 그러면 다음 선거에서 이기기 어렵구요.

이런 것도 있어요. 정부가 운영하는 회사이니 임원들의 인사권을 정부가 가지고 있습니다. 그러면 실제 그 일을 잘할 수 있는 사람이 아닌, 낙하산 임원들이 회사를 운영하게 되는 경우가 생겨요. 능력 없는 운영진들 때문에 적자가 날 가능성이 높아질 수 있죠.

●——

그래서 공기업을 민영화하자는 이야기가 나오는 거군요.

●——

아, 핵심에서 벗어나면 안 됩니다. 우리는 독과점의 개념과 원인, 현실에서 나타나는 사례를 보는 중이에요. 아직 독과점 문제를 모두 해결하지 못했으니 민영화 이야기는 다음 기회에 하기로 합시다.

다시 문제를 봅시다. 정부는 한쪽에서는 특허권, 저작권을 인정해주고, 다른 한쪽에서는 독과점을 막기 위해 엄청나게 노력합니다. 하

지만 도대체 왜 독과점을 막으려고 하는지, 도대체 나쁜 독과점이라는 것이 무엇인지에 대해서는 아직 답을 찾지 못했습니다. 어떤 독과점이 나쁜 걸까요?

•--

소비자들에게 피해가 가면 나쁜 독과점이 아닐까요? 아까 교복을 예로 들면서 경쟁을 하면 물건 값이 더 싸질 가능성이 있는데, 기업들이 담합을 해서 독과점이 되면 물건 값이 올라간다고 하셨잖아요. 그러면 독과점 기업들이 부당하게 이득을 챙기는 거구요.

•--

부당하다면 무엇이 부당한 걸까요?

•--

물건을 비싸게 파는 거겠죠. 더 싼 가격에 팔아야 하는 건데.

•--

싸다, 비싸다의 기준은 뭐지요?

•--

수요와 공급이 만나는 균형점의 가격이 기준 아닌가요?

•--

맞아요. 독과점을 하게 되면 수요와 공급이 만나는 균형점보다 비싼 가격에서 상품이 거래되고, 생산량이 줄어듭니다. 만약 경쟁 시장이었다면 싼 가격에 더 많은 물건이 공급될 수 있는데, 그러면 우리가 앞에서 이야기했던 효용이 더 높아질 가능성이 있겠죠. 이건 효용이 낮은 시장일 테고요. 그러니 정부에서 막으려고 노력하는 겁니다.

＊――

　　그럼 어떨 때는 독점권을 주고, 어떨 때는 독과점을 막는 건가요?

＊――

아무래도 반칙을 했느냐 안 했느냐가 기준이 될 겁니다. 교복업체들은
서로 경쟁을 해야 하는데 경쟁하지 않았어요. 반면 아이폰은 품질로
경쟁을 해서 좋은 물건을 만들었어요. 이 차이라고 생각합니다.

　사실 독과점은 매우 자연스러운 일이에요. 시장에서 경쟁을 한다는
것은 자신만의 더 좋은 기술, 상품, 서비스를 만든다는 것입니다. 그러
면 경쟁에서 이기는 기업과 지는 기업이 나와요. 당연히 이기는 기업
이 살아남아서 지는 기업의 몫을 챙길 겁니다. 그렇게 조금만 지나면
거의 모든 분야에서 독과점이 발생해요.

　예를 들어 산업혁명이 일어났던 18세기 영국에서는 노동자가 50명
이상이면 엄청나게 큰 공장이었어요. 보통 공장이라고 하면 10명 내외
의 노동자들이 있었다고 합니다. 이런 소규모 공장들이 엄청나게 많이
있었는데 작은 공장들끼리 서로 먹고 먹히면서 큰 공장으로 변해 갔어
요. 그러다가 엄청나게 규모가 큰 공장 몇 개만 남게 되었습니다. 지금
세계 대부분의 산업들이 비슷한 과정을 겪으면서, 경쟁에서 이긴 몇몇
큰 기업만 살아 남아 있죠.

　자동차가 처음 만들어지던 시기에 미국에는 자동차 회사가 수백 개
나 있었다고 해요. 그런데 지금 미국의 자동차 회사는 지엠과 포드 두

포드사의 창업자 헨리 포드가 처음 도입한 컨베이어 벨트.
컨베이어 벨트는 생산성을 고도로 끌어올리는 중요한 역할을 해 냈다.

개 브랜드만이 시장을 장악하고 있어요. 한편 완벽한 독과점은 거의 없어요. 미국 자동차 회사는 지엠과 포드의 빅2 체제지만, 전기 자동차를 만드는 테슬라 같은 상대적으로 작은 자동차 회사들도 있어서 새롭고 다양한 시장을 만들고 있습니다.

경제학도
실패한다

독과점 이야기는 우리가 경제학 원리를 따를 것이냐 말 것이냐를 결정하기 위해 나온 화두였는데, 설명이 좀 길어졌네요. 그럼 이제 다시 원래 문제로 돌아가 볼까요? 무슨 얘기를 하고 있었죠?

•——

경제학 원리, 시장 원리대로만 놓아 두면 뭔가 안 좋은 일이 생길 수 있으니, 그걸 막는 규제 같은 것이 필요하다는 이야기를 하고 있었어요.

•——

맞아요. 우리는 경제학의 원리를 그대로 따를 것이냐, 다른 판단을 내릴 것이냐의 문제 앞에서 선택을 해야 하는 경우가 있습니다. 잘못하면 사람들에게 큰 피해를 주는 상황이 발생하거든요.

●――

그걸 시장 실패라고 부르지 않나요?

●――

미리 교과서를 들여다보고 왔군요. 맞습니다. 말 그대로 시장이 실패하는 상황이 발생합니다. 앞에서 길게 이야기했던 독과점도 마찬가지죠. 하지만 이렇게 애매하게 정리하면 안 됩니다. 개념을 정확하게 이해할 필요가 있어요.

경제학에서 내리는 전제인 인간의 합리적 선택은 시장에서 균형을 만드는데, 그 균형은 자원이 가장 잘 나누어지는 상황이기도 합니다. 모자라지도 남지도 않게 자원이 사람들에게 잘 나눠지는 지점이죠. 그런데 이게 잘 안 될 때가 많아요.

●――

그럼 시장 실패는 경제학의 전제가 틀렸기 때문에 일어나는 거라고 생각하면 될까요?

●――

그렇죠. 어떤 전제들이 틀렸을까요? 사람들이 합리적으로 행동해도 시장에서 실패가 일어나는 경우가 있죠. '부정적 외부효과'나 '공유지의 비극'이라는 말 들어 봤나요? 부정적 외부효과를 먼저 살펴보죠. '외부효과'는 개인의 행위가 의도하지 않게 외부에 영향을 미치지만 치르는 대가는 없는 걸 말합니다. 그렇다면 부정적 외부효과는 영향을 받는 외부에게 손해나 손실을 끼치는 경우를 말하겠죠.

정화 장치를 설치하지 않고 유해 물질을 배출하는 공장의 사장이 있습니다. 비용을 아끼기 위한 거니 사장 입장에서는 매우 합리적이죠. 하지만 사회적으로는 어떤가요? 그 공장 때문에 생긴 환경오염을 사회가 비용을 들여서 해결해야 합니다. 부정적 외부효과죠.

공유지의 비극도 마찬가지예요. 모두가 이용할 수 있는 풀밭이 있고 그 풀밭에 양을 50마리 정도 기르면 적당하다고 합시다. 그 상황에서 개인이 내릴 수 있는 가장 합리적인 선택은 남들이 풀밭에 양을 몰고 오기 전에 먼저 양을 끌고 가서 풀을 먹이는 거겠죠. 온 마을 사람들이 모두 그렇게 합리적 선택을 할 것이고, 그러면 풀밭이 남아나지 않는 공유지의 비극이 오는 겁니다. 사람들은 합리적 선택을 했지만 자원 배분은 꽝인 거죠.

●——

　　그럼 이럴 때 인위적으로 개입, 이를테면 규제 같은 것을 하게 되나요?

●——

개입과 규제를 할지 말지는 경제 정책을 운용하는 사람이 무엇을 더 중요하게 생각하느냐, 그 사람 머릿속에 어떤 경제학이 있느냐가 좌우할 겁니다. 시장에서 자율적으로 조정되는 것이 낫다고 생각하는 사람이 기획재정부 장관이 되었다면, 외부효과에 대해서도 시장의 힘으로 해결할 수 있다고 믿을 겁니다. 좀 이상적이긴 하지만 그렇게 해결할 수도 있어요. 정화 장치를 설치하지 않은 공장 때문에 대기가 더러워지고 강물이 오염되면 그 지역 땅값이 떨어지고, 동네가 살기 나빠지겠죠. 성실하고 기술도 좋은 노동자들은 다른 곳으로 이사를 가 버릴 겁니다. 그러면 능력 없는 직원들만 남을 테니 기업은 경쟁력이 떨어지고 결국 회사 이미지와 매출에도 타격이 갑니다. 이런 일을 막기 위해 돈이 들더라도 정화 장치를 설치할 가능성이 있죠.

공유지의 비극도 마찬가지일 겁니다. 풀밭이 황폐해지면 마을 사람 모두 망하겠죠. 풀밭에 풀이 없으니 더 이상 양을 기를 수 없을 겁니다. 그러면 굶어죽는 양이 나올 테고, 양 주인은 양이 죽기 전에 시장에 내다 팔아야겠죠. 마을에 양의 수가 줄어들 것이고, 풀밭을 이용할 수 있는 적당한 수의 양만 남게 될 겁니다. 하지만 이렇게 자연스럽게 해결되지 않는 경우가 많아서 정부가 개입과 규제를 통해 인위적으로 해결하기도 합니다.

●——

> 합리적 선택을 해도 시장 실패가 일어나네요. 하지만 여전히 '합리적'이라는 단어가 신경이 쓰여요. 정말 합리적인 건지….

●——

인간이 합리적이냐 아니냐는 경제학에서 굉장히 큰 주제입니다. 대부분의 경제학은 인간이 합리적으로 행동한다고 전제하고서 이론을 구성하기 때문이죠. 인간이 합리적이지 않다면 어떻게 행동하는 걸까요? 예를 들어 관습을 따르거나 남이 하는 것을 보고 따라하겠죠? 앞에서 말한 행동경제학은 인간이 합리적이라고 전제하지 않고 인간의 행동

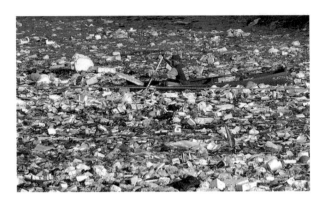

바다에 가득한 쓰레기들. 공유지의 비극을 단적으로 보여 주는 사진이다.

을 먼저 관찰한 후 이를 설명하려고 합니다. 경제학의 설명 범위가 그만큼 넓어지는 것이죠. 그런데 경제학에 발을 담그기 시작한 고등학생이라면 합리적이냐 그러지 못하냐에 너무 신경 쓸 필요는 없을 것 같아요. 그보다는 시장의 기능이 실패할 경우 이를 어떻게 해결할 수 있는지를 살펴보는 것이 도움이 될 거예요. 예를 들어 정보의 비대칭성 때문에 시작되는 시장 실패를 경제학이 어떻게 해결하고 있는가 하는 문제처럼요.

•——

비대칭성과 시장 실패가 연관이 있군요.

•——

맞아요. 경제학은 우리의 경제 생활을 몇 가지 가정을 통해 간단하게 정리해 주고, 우리는 그것을 통해 행동의 중요한 기준을 얻을 수 있다고 했습니다. 행동의 기준에는 경제학의 원리를 인정하고 그대로 놓아두는 방식, 경제학의 원리로 인해 부정적인 결과가 생길 것을 예측하고 인위적으로 막는 방식이 있다고 했어요. 한 가지가 더 있는데, 경제학의 원리를 이용해 대안을 만드는 방식도 있어요. 정보의 비대칭성에서 그 사례를 볼까요?

영어로 중고차 시장을 레몬 마켓(lemon market)이라고 부릅니다. 레몬은 매우 신 과일을 뜻하기도 하지만, 불량품을 뜻하기도 합니다. 중고차를 사려면 많이 망설이게 됩니다. 사고가 났던 차인지, 홍수 때 물에 잠겼던 차인지 알 수가 없거든요. 중고차를 사는 사람들은 늘 불안합니다. 그럼 중고차 시장과 정보의 비대칭성, 그리고 경제학 원리가 어떻게 적용되는지 좀 더 구체적으로 보겠습니다.

중고차를 사는 데 있어 가장 큰 문제는 방금 말했던 것처럼 차에 대한 정보를 소비자가 알기 어렵다는 점입니다. 차 주인은 정보를 알고 있지만 소비자는 모르죠. 정말 관리를 잘하고 사고도 나지 않았던 중고차가 있다고 합시다. 이 정도면 판매자도 구매자도 1천 만 원 정도면 적당한 가격이라고 생각합니다. 그런데 그 바로 옆에 사고가 났고, 홍수 때 물에도 잠겼던 차가 있어요. 이런 건 500만 원 정도면 충분하다고 생각하죠. 그런데 겉으로 봐서는 두 차의 차이를 알 수가 없어요. 그러니 정보가 없는 소비자는 1천 만 원이라고 붙어 있는 차가 진짜 그 정도의 가치가 있는지 의심을 합니다. 위험 부담이 있으니 중고차는

500만 원 정도짜리만 사려고 하는 거죠. 이렇게 되면 판매자도 1천 만 원에 팔 수 있는 차는 아예 시장에 내놓지 않아요. 어차피 그만큼의 값을 받지 못하니까요. 그러면 중고차 시장에는 물에 빠졌던 차들만 돌아다니는 상황이 되고 맙니다. 뭔가 실패한 느낌이죠?

문제를 해결할 수 있는 방법은 있습니다. '정보' 문제를 해결하면 돼요. 예를 들어 자동차 사고가 났을 때 반드시 사고 내역을 기록하게 하고, 그 기록을 중고차 거래 시장에 공개를 하는 거죠. 하지만 아주 양심적인 사람이 아니면 그렇게 하지 않을 거예요. 그래서 장치를 하나 더 넣는 거죠. 사고가 나면 보통 보험회사를 부르거나, 더 큰 사고가 나면 경찰이 오잖아요. 그러면 보험회사와 경찰에게 그 내용을 모두 공유하는 겁니다. 그러면 차에 대한 정보가 누적되고, 상태가 좋지 않은 차는 자연스레 낮은 가격으로 거래가 될 수 있을 거예요. 중고차 거래가 정상적으로 이루어지는 거죠. 시장이 제 역할을 하게 됩니다.

경제학의 원리는 100퍼센트 완벽하게 지켜져야만 하는 신성한 원리가 아니에요. 경제학자들이 원리를 찾아내기 위해 노력하는 이유, 우리들이 그 원리를 공부하는 이유는 경제학 원리를 중세시대 성경처럼 성스럽게 받들기 위해서가 아닙니다. 경제학 원리는 우리 삶에 도움이 될 수 있는 여러 가지 판단 기준과 방법을 알려 줍니다. 그러니까 그런 관점에서 경제학을 바라볼 필요가 있어요.

자, 2부 내용을 정리해 볼까요? 경제학은 사람들이 사회에서 어떻게 경제 활동을 하는지를 이론적으로 정리하는 학문이에요. 경제학 용어와 개념을 찾아보고 공부하다 보면 자연스럽게 경제학의 의도와 흐름을 파악할 수 있습니다. 습관이 중요합니다. 이렇게 정리된 용어와 개념들은 일상에서 사용하는 것과는 차이가 있어요. 그 차이를 정확하게 알고 있는 것이 중요하죠. 그렇게 되면 경제학 개념과 원리들이 서로 어떤 관계를 맺고 있는지가 조금 더 선명하게 보입니다.

그리고 경제학은 경제학을 위해 존재하는 것이 아니라는 점을 잊지 마세요. 경제학은 우리가 조금 더 행복하게 살기 위해 하는 공부입니다. 경제학의 원리를 지키거나, 어기거나, 보완하는 것의 기준은 경제학이 어떤 도움을 주느냐가 아닌 우리들이 얼마나 더 행복하게 살아갈 수 있느냐입니다.

대형마트가 들어와서 골목 상권과 전통시장 상권까지 무너뜨리는 모습을 많이 볼 수 있습니다. 대기업이 빵집 체인점을 내서 소상인들이 반발하는 것도 자주 볼 수 있는 풍경이죠. 경제학을 공부하면 대형마트와 대기업의 빵집을 좀 더 다른 시각으로 볼 수 있어요. 우리 집 근처에 대기업 빵집이 생겼으니 무조건 좋다는 차원에서 그치는 것이 아니라 그런 가게들이 왜 지금 우리 경제 상황에 출현했는지를 설명할 수 있어요. 하지만 그걸 설명하는 것에서 끝나면 경제학을 공부하는 보람이 크지는 않겠죠. 대형마트와 대기업의 빵집을 어디까지 규제할 것인지, 그들의 이익이 얼마나 되고, 그 이익이 어떻게 다시 피해를 입은 동네 빵집과 상점들에게 돌아갈 수 있게 할 것이냐까지를 경제학은 설명해 줄 수 있어요. 물론 고등학교 경제학 단계에서는 쉽지 않겠지만 경제학을 조금만 더 공부하면 충분히 생각해 볼 수 있는 부분들입니다. 조금 어렵더라도 경제 뉴스나 신문 기사를 주의 깊게 살펴보세요. 그러다 보면 경제학적으로 생각하는 습관이 들게 되고 세상의 복잡해 보이는 일들이 조금씩이나마 단순해 보일 겁니다. 그리고 한 발짝 더 나아가면 많은 사람들이 만족감을 느끼고 행복하게 살 수 있는 경제학적인 방법과 아이디어들이 떠오를지도 모릅니다.

선택이라고 부릅니다. '합리적'이기 위해서 엄청나게 똑똑해야 하는 것은 아닙니다. 과자가 먹고 싶은데 편의점에서는 2,000원에 팔고, 바로 옆 마트에서는 1,500원에 팔고 있다면 마트에 가서 사는 것이 맞겠죠. 이런 것이 합리적인 선택입니다.

효용(utility, 效用) 영국의 공리주의 철학자 벤담(Jeremy Bentham, 1748~1832년)이 이론화한 개념입니다. 경제학에서 효용이란 재화와 용역을 사용해 얻을 수 있는 주관적인 만족을 측정하는 단위입니다.

수입(income 또는 revenue, 收入) 개인에게는 소득, 기업에게는 매출을 의미합니다. 둘 다 돈을 버는 것이지만 개인이 버는 돈은 소비하거나 저축하는 데 사용합니다. 그리고 이렇게 개인이 버는 돈은 기업에서 일을 하고 받는 임금이거나, 기업에 무언가를 빌려주고 그 대가로 받는 것입니다. 반면 기업이 버는 돈은 개인에게 필요한 상품을 팔고 받는 것이죠. 그 돈은 다른 상품을 생산하는 데 들어가거나 기업가의 이윤으로 돌아갑니다.

소비(consumption, 消費) 필요를 충족시키기 위해 재화나 용역을 사용하는 것을 말합니다. 만약 재화나 용역을 사용하지 않고 필요를 충족시켰다면, 소비라고 부를 수 없습니다. 구릿빛 피부를 만들기 위해 태닝 기계를 샀다면 재화를 사용한 것이니 소비이지만, 태양빛 아래에서 선탠을 했다면 소비가 아닙니다.

합리적 선택(rational choice, 合理的 選擇) 우리가 어떤 것을 결정해야 할 때는 여러 가지 제약들이 있습니다. 그런 제약 조건들 속에서 가장 많은 효용을 얻을 수 있게 하려는 행동을 합리적

비용(cost, 費用) 어떤 일을 하기 위해 대가로 지불하는 노력이나 손실을 말합니다.

편익(benefit, 便益) 길이 없던 곳에 길이 놓인다면 사람들이 편하게 오갈 수 있고, 관광객이 올 수도 있습니다. 길을 새로 놓는 것처럼 경제적으로 어떤 선택, 활동, 소비를 했을 때 그로부터 나오는 이득을 편익이라고 부릅니다. 그런데 길을 놓기 위해서는 시간과 돈이 들어가고 자연환경이 파괴되기도 합니다. 비용이 발생하는 것이죠. 합리적 선택을 하기 위해서는 비용과 편익을 함께 계산해야 합니다.

균형(equilibrium, 均衡) 외부의 충격이나 자극이 주어지지 않으면 움직이지 않는 상태를 말하며, 물리학에서 나온 개념입니다. 경제학에서는 수요(상품을 사려는 욕구)와 공급(상품을 팔려는 욕구)이 어떤 가격 수준에서 일치하는 것을 말합니다. 그리고 이렇게 수요와 공급이 만나 형성된 가격 수준을 균형가격이라고 합니다.

최저임금 제도(minimum wage system, 最低賃金 制度) 노동자들의 생존권을 보호하기 위한 제도 가운데 하나입니다. 노동의 가격을 임금이라고 한다면, 임금도 시장에서 결정이 됩니다. 노동의 공급과 기업의 수요가 만나는 지점에서 노동의 가격 임금이 결정되죠. 노동의 공급이 많거나 기업의 수요가 적으면 임금이 낮아지게 됩니다. 노

동자는 임금에 의존해서 살아갈 수밖에 없기 때문에 최소한의 임금이 보장되지 않으면 생활이 매우 어려워지는 문제가 발생합니다. 이런 문제를 해결하기 위해 시장에서 결정되는 것과 무관하게, 기업·노동자·정부·민간 대표가 모여서 합의를 통해 최소한의 임금 수준을 정하는 것을 최저임금 제도라고 합니다.

공정거래법(Monopoly Regulation and Fair Trade Act, 公正去來法)　시장에서 나타나는 독과점의 부작용을 막기 위해 만든 법입니다. 독점은 시장에서 한 기업이 유일하게 공급자인 경우이고, 과점은 2~3개 기업이 공급자로 있는 것을 말합니다. 독점과 과점을 묶어 일반적으로 독과점이라고 부릅니다. 독과점은 공정한 경쟁을 막으며, 경쟁이 일어나지 않으면 시장의 질서가 훼손됩니다. 독과점이 일어나면 가격을 담합하기 쉬워지는데, 이럴 경우 경쟁을 통해 가격이 낮아질 수 있는 가능성이 막히고 소비자들이 피해를 보게 됩니다.

부정적 외부효과(negative externalities, 否定的 外部效果)　외부 효과는 시장에서 수요와 공급으로만 설명할 수 없는 경제 현상입니다. 상품을 생산하려고 공장을 지었는데, 공장에서 유해 물질이 나와 공장 인근에 사는 주민들에게 해를 끼칠 수 있습니다. 공장 인근에 사는 주민들은 공장에서 생산되는 상품의 수요와 공급, 어디에도 관여하지 않지만 피해를 입었죠. 이런 경우 부정적 외부효과가 발생한 겁니다. 외부 효과는 공해같이 부정적인 것과, 양봉을 하고 있는데 근처에 과수원이 들어와 꿀 생산이 늘어나는 것처럼 긍정적인 경우가 있습니다.

공유지의 비극(tragedy of the commons, 共有地의 悲劇)　소유권 구분 없이 자원을 공유할 경우 나타나는 사회적 비효율의 결과를 말합니다. 어떤 마을에 누구나 가축을 풀어 키울 수 있도록 공유지로 개방된 땅이 있었습니다. 마을 주민들은 각자 자기 땅을 갖고 있었지만 그 땅은 아끼느라 사용하지 않고, 공유지에 자신들이 기르는 가축을 가능한 한 많이 풀어놓았습니다. 각 농가는 이 땅에 신선한 풀이 충분한지 걱정하기보다는 공유지에 방목하는 자신의 가축 수를 늘리기에 급급했습니다. 주민들의 이러한 이기적인 행동으로 공유지는 결국 황량한 땅으로 변하고 말았습니다. 이런 예는 우리 주변 곳곳에서 발견할 수 있습니다. 지저분한 공공 화장실이나 산책로에 쌓인 쓰레기를 본 적이 있죠? 바다에 폐수를 버리는 기업의 나쁜 행태들도 뉴스에서 많이 볼 수 있구요. 왜 이런 일이 일어날까요? 근본적인 이유는 내 것이 아니라는 생각 때문입니다. 만약 공공 산책로가 자기 집 정원이라면, 바다가 자기 소유라면 아무렇지도 않게 쓰레기를 버릴 수 있을까요? 아마도 아닐 겁니다. 이를 해결하기 위한 방안으로 국가가 경제 활동에 개입해 통제하거나 개인에게 소유권을 줘 개인이 관리하도록(사유화) 해야 한다는 주장들이 있습니다.

3부

—

경제는
누가 움직이나요?

도전! 거시경제학

나랏돈의
경제학

용어의 정확한 뜻만 알아도 경제학을 이해하는 데 큰 도움이 된다고 했
죠? 앞에서 또 어떤 내용에 대해 살펴봤는지 기억나나요?

> 경제학은 아주 간단한 원리로 사람들의 경제 활동을 설명한다고
> 하셨어요. 복잡하면 그건 이론이 아니라 현실을 묘사하는 거니까
> 요. 이런 경제학 이론은 사람들이 더 많은 만족을 느낄 수 있는 세
> 상을 만드는 것이 목표예요. 따라서 이론이 절대적인 것은 아니
> 고, 더 많은 사람들이 만족하는 것을 기준으로 여러 경제학 이론
> 가운데 골라서 적용하면 된다고 하셨어요.

아니, 벌써 경제학자 포스가 나는데요? 이제 더 이야기할 거리가 없겠

어요. 자, 이제 하산하시지요.

● ——

아니에요, 교수님. 아직 물어볼 게 얼마나 많은데요. 대학생 언니
가 보는 경제학 교과서를 본 적이 있는데 앞에는 그래프와 수학
공식들이 나오다가, 뒤에 가니까 정부나 정책 이야기가 나오더라
구요. 이렇게 구성된 이유가 있을 것 같아요.

● ——

하하, 벌써 대학교 경제 교과서까지 들여다봤군요. 대학에 입학하면
자기 전공이 아닌 수업도 들을 수 있어요. 많은 대학생들이 보통 경제
학과 경영학을 함께 듣죠. 경영학은 기업이 어떻게 운영되는지를 학문
적으로 정리한 것이니, 취업에 도움이 많이 될 겁니다. 경제학은 다들
여기저기서 '경제가 중요하다'고 하니 꼭 들어야 할 것 같은 압박을 받
는가 봐요. 그래서 경제학 원론 수업에 많은 학생들이 들어옵니다. 그
리고 여러분과 비슷한 궁금증에 빠지죠. 중간고사에는 그래프와 수학
공식이 문제로 나오는데, 기말고사에는 경제 정책이 나오니까요.

　그래프와 수학 공식이 나오는 부분을 보통 미시경제학이라고 부릅
니다. 영어로는 micro-economics라고 해요. 마이크로(micro)는 작다
는 뜻이죠. 미시경제학은 경제 활동을 하는 가장 작은 단위인 '개인'에
대한 이야기예요. 개인은 영어로 individual이죠? in은 부정의 뜻이니,
개인의 정확한 의미는 더 이상 분리할(divide) 수 없다는 뜻입니다. 그
러니 가장 작은 단위인 거죠. 개인이 어떻게 경제 생활을 하는지 그 행

동을 분석해 원리를 찾아내면, 그것을 가지고 사회 전체의 경제 현상을 설명할 수 있다고 생각하는 것이 미시경제학입니다. 교과서에 나오는 가장 유명한 그래프는 수요와 공급을 나타내는 그래프일 거예요. 앞에서 수요와 공급이 뭐라고 했죠?

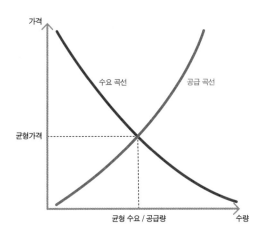

〈수요와 공급 그래프〉

수요는 어떤 상품을 갖기 원하는 사람이고 공급은 팔기 원하는 사람 아닌가요?

그럼 이상하지 않나요? 이 그래프에는 상품을 사려는 철수나 영희도 없고, 상품을 팔려는 현대나 삼성도 안 나와요. 심지어 그게 휴대폰인지 자동차인지도 나오지 않죠. 누가 뭘 원하고 어떻게 공급하는지, 가격이 얼만지 전혀 나오지 않는 게 이상하지 않나요?

●—

어떤 상품이든, 어떤 소비자든, 공급자든 대략 비슷하니까 그런 것 아닌가요?

●—

맞아요. 이 그래프는 경제 활동을 하는 한 사람, 한 사람의 행위를 분석한 결과예요. 이렇게 사람들의 행동 패턴들을 자세히 들여다보면 원리가 나오는 거죠. 소비자는 상품 가격이 올라가면 덜 사려고 하고 내려가면 더 사려고 하며, 공급자는 상품의 가격이 올라가면 더 만들어 팔려고 하고 내려가면 덜 만들죠. 그 두 가지 경향이 만나는 점에서 균형이 발생하구요. 이렇게 개개인이 하는 경제 활동의 작은 부분들을 들여다보는 것이 '미시경제학'입니다. 우리가 1부와 2부에서 다룬 내용들이 바로 미시경제학이라고 볼 수 있어요.

그리고 경제 정책이 나오는 뒷부분을 거시경제학이라고 부릅니다. 거시경제학은 macro-economics라고 합니다. 매크로(macro)는 크다는 뜻이죠. 경제 활동을 하는 주체 중에 뭐가 제일 클까요?

●—

정부요.

●—

그렇죠. 정부는 엄청나게 큽니다. 대한민국 정부가 1년 동안 쓰는 돈은 370조 원이 넘습니다. 어마어마하죠. 물론 정부는 매우 다양한 곳에 그 돈을 나누어 씁니다. 어떤 정부냐에 따라 그 범위나 양상은 크게 달라질 겁니다. 거시경제학은 개인이 모여 만든 '사회'의 경제 이야기입니다. 정부가 예산을 어떻게 쓰고, 기업들은 어떤 경제 활동을 하고, 사람들은 취업을 잘 하는지, 물가가 오르고 있는지 떨어지는지, 또 외국과의 무역은 어떻게 이루어지는지에 대해서 이야기하죠.

경제학은 경제 현상을 이해하고 설명하려고 합니다. 미시경제학자는 개인들을 이해하면 그것을 통해 전체 경제 현상을 알 수 있다고 생각해요. 거시경제학자는 사회적으로 일어나는 커다란 경제 현상들을 보면 개인의 경제 활동에 대해서도 알 수 있다고 생각합니다. 우리는 모두 사회의 영향을 받는 존재들이니까요. 그럼, 이제부터는 거시경제학을 중점적으로 살펴보기로 해요.

국민들이 잘사는 나라와
정부가 돈이 많은 나라

거시경제학이라는 말이 좀 어렵긴 하지만, 배우면 왠지 똑똑해질 것 같아 제대로 들어 보고 싶어요. 그런데 교수님, 사회라고 하면 너무 애매하지 않나요? 우리 동네도 사회, 서울시도 사회, 대한민국도 사회, 국제 사회라는 말도 있는데, 경계가 좀 애매한 느낌이에요. 개인은 나름 구분이 되지만 사회라고만 하면 좀….

좋은 지적이에요. 이야기한 대로 사회의 경계는 애매해요. 그래서 기준과 단위를 정하는 것이 중요합니다. 거시경제학은 국민 경제를 기준과 단위로 합니다. 다시 어원을 살펴봅시다. 국민 경제는 national economy를 번역한 겁니다. 그런데 이걸 왜 국가 경제라고 번역하지 않고 국민 경제라고 하는 걸까요?

영어에는 국가를 가리키는 단어가 많아요. state나 country도 국가고 nation도 국가입니다. 그런데 국가를 여러 이름으로 부르는 데는 이유가 있어요. 간단히 설명하자면 국가를 보는 기준이 다릅니다. state는 권력, country는 땅, nation은 사람을 기준으로 본 국가예요. 이 세 가지가 모두 있어야 우리가 말하는 국가가 성립됩니다. 그런데 경제는 사람들이 먹고사는 문제를 다룹니다. 그래서 권력이나 영토가 아닌 사람을 기준으로 합니다. 즉 정확하게 말하면 거시경제학은 한 나라의 '국민'들을 기준과 단위로 경제 현상을 연구합니다. 그래서 국민 경제라고 하는 것이죠. 첫 장에서 이야기했는데 『국부론』을 쓴 사람이 누구죠?

●——

　　애덤 스미스요.

●——

그러면 『국부론』의 원제가 뭔지 알고 있나요?

●——

　　모르겠어요. 그런데 원제가 중요할 것 같아요.

●——

애덤 스미스는 1776년에 『An Inquiry into the Nature and Causes of the Wealth of Nations』라는 책을 썼어요. 우리가 『국부론』이라고 부르는 책이에요. 여기에 nation이 등장해요. 애덤 스미스는 state나 country를 쓰지 않았어요. 애덤 스미스가 보기에 경제는 왕실의 부를

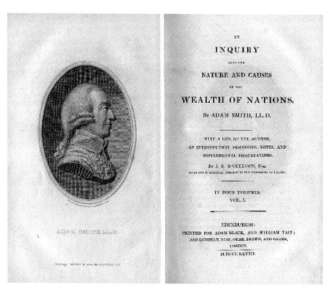

경제학의 조상 애덤 스미스의 초상화와 그가 쓴 『국부론』 첫 페이지. 애덤 스미스에 대한 여러 가지 입장들이 있지만, 분명한 건 이 분 덕분에 경제학의 기초가 다져졌다는 것이다.

축적하거나 땅을 넓히는 데 필요한 게 아니었어요. 그는 사람들이 풍요롭게 사는 것이 중요하다고 생각했습니다. 그리고 그런 생각이 지금 우리가 공부하고 있는 경제학의 기본이 된 거예요.

애덤 스미스가 갑자기 멋있게 느껴지는데요? 호화로운 왕궁을 짓거나, 전쟁을 해서 영토를 확장하는 것이 아니라, 사람들이 잘사는 것이 중요하다고 얘기할 줄 아는 사람이었군요.

맞아요. 이 학자에 대해 여러 평가가 있긴 하지만 분명한 건 경제학의 기초를 놓았다는 거예요. 『국부론』 첫 페이지를 한번 볼까요. "한 나라 국민의 연간 노동이 그 나라 국민들이 소비하는 상품들을 공급하는 원천이다. 그리고 이 상품들은 그 나라 국민들이 만든 노동의 산물이거나 다른 나라로부터 수입해 온 상품들로 구성되어 있다." 옛날 책이라 말이 어렵기는 한데, 무슨 뜻인지 설명해 볼래요?

국민들의 연간 노동이니까, 1년 동안 국민들이 일을 해서 상품을 만든다. 상품은 결국 국민들이 쓴다. 그런데 외국에서 생산된 상품도 쓰니까 수입하는 것까지 계산해야 한다. 이런 내용인가요? 좀 시시한데요. 뻔한 이야기 같아요.

설명을 잘했습니다. 평가도 재미있네요. 그렇죠. 뻔한 이야기처럼 보입니다. 하지만 이 이야기가 250년 전에 나왔다고 생각해 보세요. 『국부론』은 결국 '국가의 부'를 어떻게 늘릴 것이냐에 대한 이야기입니다. 예나 지금이나 국가가 부유해지는 것은 많은 사람들의 관심사입니다. 그런데 250년 전이라고 해 보죠. 국가가 부유해지기 위해서 사람들은 어떤 일들을 했을까요?

앞에서 잠깐 이야기를 했습니다만, 왕실에 재산을 쌓거나, 전쟁을 해서 영토를 넓히거나 하는 일들을 많이 했어요. 왕실에 재산을 쌓기 위해 영국 같은 나라는 왕실이 직접 해적을 양성하기도 했어요. 땅따먹기 전쟁은 역사책에서 흔하게 볼 수 있는 이야기입니다. 많은 국가들이 이렇게 부를 쌓아야 한다고 생각했어요. 그런데 애덤 스미스는 다른 데 관심이 있었습니다. 바로 '노동'입니다.

●――

열심히 일을 해야 한다는 얘기군요.

●――

일을 열심히 하는 것도 중요하겠지만, 상품을 많이 만드는 게 핵심이죠. 만들어 놓은 상품은 결국 사람들이 씁니다. 소비를 하면 효용이 늘어나요. 그렇게 그 나라 사람들이 소비하는 상품이 전체적으로 늘어나면, 효용도 전체적으로 증가하겠죠. 애덤 스미스는 그렇게 되는 것이 국가가 부유해지는 길이라고 생각했어요.

일을 무작정 많이 한다고 해서 상품을 많이 만들 수 있는 것은 아니에요. 일을 좀 더 효율적으로 해야 같은 시간, 같은 노력을 들였을 때 더 많은 상품을 만들어 낼 수 있어요. 그래서 좋은 기계를 쓰는 것도 중요하고, 분업같이 일하는 방식을 잘 설계하는 것도 중요하죠.

●――

무작정 돈을 많이 벌자는 이야기가 아니었네요.

●――

그래서 경제학 공부를 제대로 해야 합니다. 누군가 애덤 스미스에 대해 이야기하면서, 자본주의는 "돈을 많이 벌기 위해 무한 경쟁하는 것이다"라고 하면, 모르는 소리 좀 하지 말라고 지적해 주세요. 애덤 스미스는 좀 더 많은 사람들이 좀 더 많은 만족을 누리고 사는 세상을 꿈꿨어요.

●――

애덤 스미스가 250년 전에 그런 생각을 했으면, 거시경제학도 오래전에 만들어졌겠네요.

●――

그렇지는 않아요. 얘기가 나왔으니 경제학의 역사를 살펴볼까요? 경제학의 역사는 보통 경제학설사(History of economic theory, 經濟學說史)라는 이름으로 불립니다. 경제학자들이 했던 주장들의 역사란 뜻이죠. 그냥 역사도 어려운데 경제학자들이 했던 주장의 역사까지 보려니 좀 복잡하기는 해요. 하지만 재미도 있습니다. '경제학설사'에는 우리가 아는 유명한 사람들이 많이 등장합니다. 애덤 스미스, 데이비드 리카도, 존 스튜어트 밀, 마르크스, 케인스도 나옵니다. 생각해 보면 다들

선생과 제자 혹은 동료이자 경쟁자였습니다. 이들은 서로 생각의 오류를 지적하고 그것에 대한 자신의 주장을 새로 만들었습니다.

그런데 이들은 학자이기도 하지만 정치가이기도 했어요. 그들은 자신의 주장을 말로만 하지 않았어요. 실제로 행동으로 옮기거나, 정치가들을 설득해 현실에 적용하게 했죠. 지금도 누군가의 경제학에 기초해 경제 정책을 만들잖아요. 그러다 보니 그들이 했던 주장이 역사에 큰 영향을 주었어요.

길고 복잡한 경제학설사 전체를 살펴볼 수는 없으니 우선 거시경제학을 중심으로 살짝만 살펴봅시다. 애덤 스미스가 『국부론』을 썼지만, 그가 거시경제학을 만든 건 아니에요. 앞에서 유효 수효 이론을 설명하면서 케인스에 대해 이야기했었는데 기억나요?

본명은 존 메이너드 케인스예요. 1883년에 태어나 1946년에 세상을 떠났으니 약 100년 전 사람입니다. 애덤 스미스가 영국 사람인 것은 알고 있지요? 정확하게는 스코틀랜드 출신입니다. 케인스도 영국 사람이에요. 케인스는 머리도 좋고, 공부도 잘했습니다. 영국에서 제일 유명한 대학교가 어디죠?

●—

케임브리지 대학교하고 옥스퍼드 대학교요.

●—

케인스는 케임브리지 대학교 경제학과에 입학했어요. 그리고 앨프리드 마셜 교수에게 경제학을 배웠습니다. 마셜은 수요 곡선과 공급 곡선의 개념을 만든 사람이에요. 마셜 교수가 보기에 케인스는 수학도 잘하고 굉장히 똑똑했죠. 그래서 대학에서 계속 공부를 하라고 조언을 했는데, 여기저기 관심이 많았던 케인스는 대학에 머물러 있기가 싫었나 봅니다. 그래서 하급 공무원 시험에 통과하고 영국이 인도를 다스리기 위해 만든 '인도청'에서 근무를 하게 됩니다. 그 후 1차대전과 2차대전 중에는 영국 재무성에서 근무하면서 전쟁을 겪고, 대공황을 목격했습니다.

영국의 경제학자 케인스. 저서인 『고용, 이자, 화폐의 일반이론』에서 완전고용을 실현하기 위해서는 자유방임주의가 아닌 정부의 개입이 필요하다고 주장했다. 이 이론에 입각한 사상의 개혁을 케인스혁명이라고 한다.

　　대공황에 대해서도 많이 듣기는 했는데 정확히는 잘 모르겠어요. 미국에서 있었던 사건 아닌가요?

대공황(大恐慌)은 자본주의 역사에서 매우 중요한 사건입니다. '공황'의 뜻은 두렵고 허겁지겁하게 만드는 상황을 말하는데 대공황이라고 하면 이 수준이 매우 심각하다는 뜻이겠죠. 1929년 미국 주식 가격이 엄청나게 폭락한 것을 시작으로 전 세계 대부분의 자본주의 국가들이 극심한 경제적 어려움을 겪었어요. 이런 경제적 어려움은 1939년까지 계속되었습니다. 2차대전의 한 원인이 되기도 했구요.

•——

　경제는 늘 안 좋은 것 같은데요? 경제가 좋다는 이야기를 들어 본 적이 없는 것 같아요.

•——

맞는 말이에요. 그런데 대공황은 상상을 초월하는 수준이었어요. 어떤 일이 있었는지 살펴봅시다. 대공황은 주식 가격이 폭락하면서 시작됐어요. 1929년 10월 24일 뉴욕의 주식 시장에서 하루 동안 주식 가격이 2퍼센트나 떨어진 것을 시작으로, 3년 동안 총 89퍼센트가 떨어졌어요. 쉽게 말해 1만 원짜리 주식이 3년 만에 1,100원이 된 거죠. 어떤 한 주식만 그렇게 된 게 아니라, 거의 모든 주식이 폭락했어요. 주식을 가지고 있던 사람은 전부 망한 거죠.

　은행도 난리가 났습니다. 사람들이 겁을 먹고는 은행에 맡겨 둔 예금을 찾으러 몰려갔습니다. 요즘도 가끔 뉴스에 나오는 뱅크런(bank-run)이죠. 앞에서 화폐에 대해 이야기할 때 은행의 원리를 얘기했었죠? 은행은 예금으로 받은 돈을 그대로 가지고 있지 않고 일부만 금고에 넣어 두고 나머지는 빌려준다고 했습니다. 돈이 필요한 기업이나 개인에게 이자를 받고 빌려주는 거죠. 그런데 갑자기 모든 예금주가 돈을 찾으러 온 거예요. 그럼 어떤 상황이 벌어질까요?

•——

　일단은 금고에 있는 돈을 주겠지만, 모두에게 예금을 돌려주지는

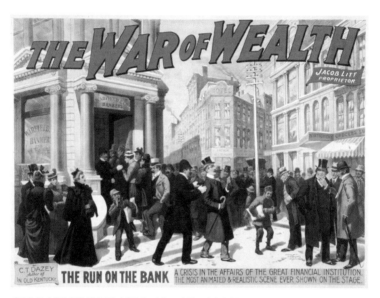

예금을 찾기 위해 은행에 몰려든 사람들의 모습을 그린 찰스 터너의 작품.

못하겠죠.

•--

맞아요. 돈을 돌려주지 못하니 난리가 났어요. 대출해 줬던 돈을 바로 회수할 수 있으면 모르겠는데 그렇지도 못했습니다. 그래서 은행이 망하기 시작합니다. 1931년 1년 동안 미국에서 2,300개 정도의 은행이 문을 닫았다고 합니다. 그렇게 은행이 망하면서 은행에 돈을 맡겼던 사람들도 돈을 다 날리게 된 거예요. 여기에 기업들도 줄줄이 망합니다. 은행이 망해서 기업 운영 자금을 빌릴 곳이 없으니 기업들도 순식간에 무너졌어요. 물론 기업에서 일하던 직원들도 모두 실업자가 되었죠. 그 전까지 일을 하던 사람의 1/4, 많게는 1/2이 실업자가 되었습니다. 이런 일들이 미국을 시작으로 불과 몇 년 사이에 전 세계적으로 일어난 거예요. 한마디로 말하면 전 세계가 한꺼번에 폭삭 망한 겁니다. 예금도 날리고, 주식도 날리고, 일자리도 잃어 굶는 사람이 부지기수였어요. 그런데 몇몇 농부들은 엄청난 양의 농작물을 배에 싣고 바다에 몽땅 버리고 왔다고 해요.

•--

아니 왜 멀쩡한 걸 버려요? 버리지 말고 굶는 사람들한테 갖다 주면 되잖아요.

•--

복잡한 사연이 있어요. 사람들이 돈이 없어 식료품을 사지 못하니까 농작물이 쌓여서 썩어 갔어요. 그런데 이대로 두었다가는 가격이 더

대공황의 처참한 모습을 적나라하게 보여 주는 두 사진. 위쪽은 대공황 당시 수프를 배급받고 있는 남자들. 아래쪽은 '네 아이를 팝니다'라는 팻말을 세워 놓은 미국인 가정의 모습이다.

내려가기만 할 것 같은 거예요. 이윤이 남지 않는 거지요. 그래서 아예 모두 없애 버리기로 한 겁니다. 이런 일은 우리나라에서도 종종 일어나요. 뉴스에서 농부들이 트랙터를 가지고 배추밭을 통째로 갈아엎는 모습을 본 적이 있을 거예요. 배추를 뽑아서 트럭에 싣는 인건비, 트럭 운전기사 일당에, 기름값에, 트럭을 빌리는 비용이 배추를 판 가격보다 높아서 생기는 일이에요. 이렇게 배추가 과하게 풍년이 들어서 가격이 내려가면 그냥 그렇게 밭을 엎어 버리는 것이 오히려 이득이 되는 겁니다. 대공황 당시 농작물을 바다에 갖다 버린 것도 이런 이유에서죠. 갖다버리면 남은 농작물의 가격이 올라서 최소한의 수지타산을 맞출 수 있을 거라고 생각한 겁니다.

●——

아, 정말 이해가 안 가요.

●——

그러니까요. 너무 이상한 일이 일어난 거예요. 애덤 스미스는 상품이 많으면 많을수록, 사람들의 소비가 늘어나서 사회 전체의 효용이 늘어날 거라고 했습니다. 프랑스의 경제학자 장 바티스트 세라는 사람은 "공급이 수요를 창출한다"고도 했구요. 상품을 많이 만들면 사람들이 무조건 사게 되어 있다는 겁니다. 맞는 말 같죠? 그래서 1929년까지 그렇게 해 온 거였어요. 그런데 폭삭 망한 거죠. 그야말로 순식간에.

중세처럼 생산력이 낮아서 물건이 모자라면 또 모르겠는데, 한쪽에서는 물건이 남아도는데, 한쪽에서는 굶고 있는 말이 안 되는 상황이 벌어진 겁니다. 케인스는 대공황의 원인을 찾기 시작했습니다. 길고 긴 연구 끝에 케인스가 찾은 답은 '정부'였어요. 그 와중에 가만히 있었던 정부에게 주목한 거죠.

•――

그 난리가 났는데 정부가 가만히 있었다구요?

•――

네, 그때는 그랬어요. 그때까지 많은 경제학자들은 시장에 모든 것을 맡기면 알아서 조정이 될 거라고 생각했습니다. 기업이 상품을 많이 만들어 내기만 하면, 시장가격이 조정되고 사람들이 그 상품들을 소비하고, 효용이 늘어날 거라고 생각했는데 대공황이라는 난리가 나 버린 겁니다. 그런데 케인스가 가만히 살펴보니까 이 난리가 났는데 정부가 가만히 있었던 거예요. 그래서 정부가 개입해서, 대공황을 탈출하자는 아이디어를 냈습니다.

케인스는 1936년에 『고용, 이자, 화폐의 일반이론』(The General Theory of Employment, Interest and Money)이라는 책을 썼습니다. 제목에 '고용'이라는 말이 들어갔습니다. 케인스가 보기에 대공황 상황에서 가장 심각한 문제는 실업이었어요. 실업자가 되면 돈을 벌지 못하고, 돈을 벌지 못하면 상품을 사지 못하고, 상품을 사지 못하면 기업이 장사를 못 하고, 기업이 장사를 못 하면 망하겠죠. 기업이 망하면 또 실업자가 늘어나니 악순환이 되는 겁니다. 그러니까 실업률을 줄이는 것이 중요했어요. 하지만 기업들에게 무조건 사람을 고용하라고 할 수는 없습니다. 그래서 정부가 나서서 고용하는 방법을 생각해 낸 거죠.

●——

　　공무원을 많이 뽑았다는 말씀인가요?

●——

방법은 여러 가지가 있었을 겁니다. 공무원을 많이 뽑는 방법도 있고, 엄청나게 큰 공사를 벌일 수도 있어요. 댐을 짓는다든가, 도로를 놓는다든가 하는 큰 공사를 벌이는 거죠. 당시는 기술이 많이 발달하지 않았기 때문에 그런 대규모 공사를 하면 사람의 손이 많이 필요했어요.

●——

　　그럼 케인스의 말대로 해서 대공황이 끝났어요?

●——

1929년에 시작된 대공황은 1939년까지 계속되었습니다. 그리고 1939년에 2차대전이 터졌어요. 전쟁이 터지면, 경제 시스템이 제대로 돌아갈 수가 없습니다. 비상시국이니까요. 일을 해야 하는 대부분의 젊은 이들이 군대에 징집됩니다. 그러면 공장에서 일할 사람이 부족해져요. 직업을 잃었던 사람들이 다시 취업하게 된 것은 물론이고, 그때까지만 해도 직업이 없었던 여성들까지 공장에 출근해야 했습니다. 시장에 내다 팔기 위한 상품뿐만 아니라 전쟁 무기도 만들어야 했기 때문에 일거리가 급격하게 늘어났고, 이전보다 훨씬 많은 사람들이 일을 해야 했습니다. 이런 상황을 두고 전시 경제라고 합니다.

　　케인스의 이야기를 듣고, 각국 정부가 케인스의 말대로 했는지는 확인할 수 없어요. 그런데 대공황을 극복하기 위해 각 나라 정부들이 케인스가 주장한 것과 비슷한 정책들을 많이 실시한 것은 사실이에요. 가장 유명한 것이 미국의 뉴딜 정책이죠. 루스벨트 대통령이 대공황을 극복하기 위해 내놓은 정책이에요. 미국 정부가 댐 건설 같은 엄청나게 큰 규모의 토목 공사들을 벌여서 새로운 일자리를 만들어 냈던 정책입니다.

대공황이라는 시련을 거치면서 세상은 여러 부분에서 변화했습니다. 그중에서 가장 주목할 만한 건 실업의 문제를 경제학적인 시선에서 바라보기 시작했다는 겁니다. 그전까지는 사람들이 직업을 구하는 문제를 시장에서 해결하면 된다고 보았습니다. 구직자와 기업이 노동 시장에서 알아서들 할 문제였죠. 그런데 대공황 사태를 보니 그렇지 않았어요. 그러니까 이건 미시경제학에서 말하는 수요와 공급 곡선에만 맡겨 놓을 문제가 아니었던 거죠. 대공황을 통해, 실업의 문제를 해결하지 못하면 자본주의 시장경제가 완전히 무너질 수 있다는 사실을 확인했잖아요. 그래서 완전히 다른 영역의 경제학이 필요했습니다. 그게 바로 거시경제학입니다. 국가를 기준으로, 정부라는 경제적 주체를 인정하고, 그 역할을 찾아보는, 그렇게 국민 경제를 연구하는 학문이 필요했던 거죠.

물가가 오르는 건
나쁜 일일까?

교수님 이야기를 듣다 보니 거시경제학이 조금씩 이해가 되는 것
같아요. 실업이나 고용 말고 거시경제학에서 중요하게 다루는 개
념이 또 뭐가 있나요?

•——

거시경제학은 국민 경제에 대한 이야기라고 했습니다. 그럼 국민, 국
가, 경제 같은 이야기가 제일 많이 나오는 곳은 어디일까요?

•——

뉴스요. 뉴스는 매일 나라 걱정을 하잖아요.

•——

그렇죠. 뉴스는 매일 나라 걱정을 해요. 그중에서도 경제 걱정이 제일
많죠. 그리고 뉴스에 많이 나오는 경제 이야기는 거시경제학의 중요한

주제들이에요. 예를 들어 봅시다. 추석이나 설이 되면 뉴스에는 항상 물가 이야기가 나옵니다. 꼭 그때가 아니더라도, 물가에 대한 이야기는 자주 나오죠. 물가는 거시경제학에서 중요하게 다루는 문제입니다.

•— —

인플레이션도 물가랑 연결되어 있는 개념이죠?

•— —

맞아요. 인플레이션은 물가가 오르는 것을 말합니다. 인플레이션은 inflate의 명사형이고 inflate는 '팽창하다'라는 뜻이에요. 개념을 알면 경제학을 공부할 때 이해도 빠르고 재미있습니다. 그러면 물가는 뭐죠?

•— —

물건의 값 아닌가요? 뉴스에서 물가 이야기가 나오는 걸 보면, 버스비나 가스비가 오른다는 내용이랑 나오는 경우가 많더라구요. 그런 물건들의 값을 말하는 것 아닌가요?

•— —

큰 범위에서 보면 맞지만 아주 정확하지는 않아요. 거시경제학은 국민 경제를 다룬다고 했습니다. 국민 경제니까 그 안에 있는 상품의 수가 엄청나게 많겠죠. 이걸 다 합쳐서 평균을 낸 값이 우리가 일반적으로 말하는 물가입니다. 물론 계산은 경제학 공부를 많이 한 연구원들이 하죠. 중요한 것은 국민 경제 안에 있는 상품의 가격을 모두 합쳐 계산을 한다는 거예요. 전체적인 흐름을 보기 위해서입니다.

물가에는 크게 두 가지 종류가 있어요. 버스비, 가스비, 쌀값, 빵값같이 사람들이 매일 소비하는 것들을 따로 묶어서 계산한 것을 소비자 물가지수라고 합니다. 자동차를 만드는 데 필요한 철강 가격의 변동, 반도체를 만드는 데 필요한 기계 가격의 변동은 기업 입장에서 중요하겠죠? 이런 것들은 생산자 물가지수라고 합니다.

인플레이션은 이렇게 국민 경제 안에서 물가가 오르는 것을 말해요. 반대로 디플레이션이라는 것도 있습니다. deflate에서 나온 단어로 '쭈그러든다'는 뜻입니다. 물가가 떨어지는 현상을 말하죠.

●――

　物가의 개념이 중요하다는 말은 많이 들었는데, 사실 왜 중요한지는 잘 모르겠어요. 일단 물가가 오르는 건 안 좋은 것 같아요. 물건을 살 때 돈이 많이 드니까요.

●――

많은 사람들이 물가가 오르는 것을 탐탁지 않게 생각해요. 그런데 시각을 조금만 더 넓혀서 생각해 보면 달라져요. 물건 값이 올라가 돈을 더 내는 사람이 있다면, 분명 돈을 더 버는 사람도 있겠죠? 그리고 그렇게 더 많이 벌게 된 돈을 다른 곳에서 쓰면, 누군가는 돈을 더 벌게 될 거예요. 그렇게 돌고 돌면 어느 지점에서는 나도 돈을 더 벌 수 있게 되는 겁니다.

거시경제학에서 중요하게 생각하는 것은 국민 경제, 그러니까 국민 전체가 경제적으로 잘사는 거예요. 그런데 잘살기 위해서는 경제 상황이 좋아야 할 겁니다. 경기(景氣)라는 말은 많이 들어 봤죠? 한 국가의 총체적 경제 활동을 경기라고 해요. 보통 경기가 좋은 현상을 호황이라고 부르죠. 쉽게 설명하면 장사가 잘되는 거예요. 장사가 잘되니, 기업은 상품을 더 많이 만들려고 하고, 그러려면 사람들을 더 많이 고용하죠. 그러면 월급을 받는 사람이 늘어나니까 상품이 많이 팔립니다. 상품을 사려는 사람이 많아지니 자연스럽게 상품 가격이 올라갑니다. 그러면 다시 기업은 상품을 더 많이 만들려고 하겠죠. 이런 식으로 경제가 순환이 됩니다.

디플레이션은 그 반대예요. 경기가 불황인 상황에서 생겨납니다. 인플레이션과 반대죠. 장사가 잘 안 되니, 기업은 상품을 덜 만들어요. 그러면 노동자가 덜 필요하고, 실업자가 많아집니다. 일자리를 잃은 사람들은 상품을 덜 사고 기업은 상품을 덜 만들겠죠. 이러다 보면 아까 살펴보았던 대공황 같은 사태가 벌어질 수도 있어요.

정리를 하면, 경기가 좋으면 물가가 올라가는 인플레이션이 생기고, 경기가 나쁘면 물가가 내려가는 디플레이션이 나타나요. 시장에 나가서 물가가 올라가는지 내려가는지 살펴보면, 그러니까 인플레이션인지 디플레이션인지 계산을 해 보면 지금이 호황인지 불황인지 알 수 있어요.

•--

그런데 뉴스에서는 물가가 오르면 안 좋은 것처럼 이야기하잖아요. 교수님은 인플레이션이면 경기가 호황이라고 하셨구요. 호황이면 좋은 것 아닌가요?

●--

그렇죠. 뉴스에서는 물가가 오르면 무조건 나쁜 것처럼 이야기합니다. 그건 반만 맞는 이야기예요. 물가가 오른다는 것은 경기가 그만큼 좋다는 뜻입니다. 물가가 고정되어 있거나, 내려가는 상황이 실제로 더 안 좋은 상황이에요. 물가가 계속 내려간다는 것은 대공황 같은 상황이라는 뜻이니까요.

●--

그런데 뉴스에서는 왜 그렇게 말해요?

●--

반은 맞는 이야기라고 했죠? 뉴스에서 물가가 올라가는 것에 대해 심각하게 이야기를 하는 것은, 우리가 단순한 인플레이션이 아니라 스태그플레이션(stagflation) 상황에 있기 때문이에요. 이제부터 개념이 살짝 복잡해지는데요. 조금만 집중하면 충분히 이해할 수 있는 내용이니까 천천히 잘 따라와 보세요.

경제는 어려운데
물가는 올라간다

먼저 스태그네이션(stagnation)이라는 단어를 살펴봅시다. stagnate는 '침체되다', '부진해지다'라는 뜻입니다. 그리고 '고이다', '고여서 썩다'라는 뜻도 있습니다. 스태그네이션은 명사형으로 경제가 성장하지도 축소되지도 않고 멈춰 있는 상태를 뜻합니다. 단순히 멈춰 있기만 하면, 나쁘지 않을 수 있겠네요. 그런데 그냥 멈춰 있는 게 아니라, 고여서 썩는다면 상황이 심각해집니다.

자본주의 경제는 기본적으로 계속 성장을 해야 합니다. 더 많은 상품을 만들고, 더 많이 소비해야, 더 많은 효용이 생겨나잖아요. 사람들은 '더 많이'를 위해 노력하고 경쟁합니다. 그러니까 성장하지 않는 상태는 뭔가 문제가 있다는 뜻이에요. 그런데 이렇게 성장이 멈춘 상황에서 물가가 오르는 인플레이션이 발생할 때가 있습니다. 그런 현상을 스태그플레이션이라고 합니다.

•——

　아까는 경제가 성장해야 물가가 오른다고 하셨는데, 성장하지 않
고 정체되어 있는데 어떻게 물가가 올라요?

•——

차근차근 살펴봅시다. 스태그네이션은 경기 침체라고도 부릅니다. 뉴
스에서 많이 들어 봤을 거예요. 스태그네이션에 직면하면 정부는 국민
경제를 활성화하려고 이런저런 정책을 쓰게 되는데 이를 총수요 관리
정책이라고 해요. 정부는 경제가 불황 없이, 꾸준히 성장하기를 바랍
니다. 그래서 경제가 불황으로 들어갈 기미가 보이면 경기를 활성화하
는 정책을 써요. 예를 들어 정부가 조사를 해 봤더니 지난달에 사람들
이 직장을 많이 잃었다는 결과가 나왔습니다. 실업이 늘어나면 사람들
이 물건을 살 수 있는 능력이 줄어들고, 그러면 기업은 장사가 잘 안 되
는, 이런 악순환이 생긴다고 했죠? 정부는 그런 상황을 막고 싶어 합니
다. 그래서 사람들에게 일자리를 마련해 주려고 노력해요.
　한편 정부는 경기가 갑작스럽게 너무 좋아지는 것도 막으려고 합니
다. 우리나라 대부분의 기업들의 실적이 매우 좋다고 해 봅시다. 그러
면 일단 원자재가 엄청나게 필요하고, 노동자도 많이 필요하겠죠. 자
연스럽게 원자재 가격도 올라가고 노동자 임금도 올라갑니다. 물가도
갑자기 치솟구요. 경제가 성장하면 물가가 자연스럽게 올라가게 되어
있지만, 분명 '갑자기'라고 했습니다. 갑자기 물가가 너무 많이 올라가

면 문제가 생깁니다. 어제 100원이면 살 수 있었던 연필이 오늘 500원이고, 내일은 1,000원이 될지도 모른다면 어떨까요?

●——

　빨리 연필을 사야죠. 가격이 더 올라가기 전에.

●——

네. 아마도 더 오르기 전에 연필을 대량으로 사는 사재기 현상이 나타날 거예요. 연필 값이 더 오르기 전에 연필을 사 둔다는 뜻은 뭐죠? 돈의 가치가 떨어지고 현금을 가지고 있으면 손해를 보는 거예요. 오늘 내가 가지고 있는 돈으로 10개의 물건을 살 수 있다면, 내일이 되면 5개밖에 못사는 거예요. 그럼 당장 필요하지 않은 물건이라도 일단 사놓고 봐야죠. 기업도 마찬가지예요. 상품을 연구하고 개발하고, 공장을 짓는 데는 시간이 많이 필요합니다. 그렇게 시간과 노력과 돈을 많이 들여서 자동차를 개발하는 기업이 있습니다. 그런데 시장에 나가 봤더니 어제 100원이던 연필이 오늘 500원, 내일 1,000원이 될 것 같은 거예요. 그럼 힘들게 자동차 개발을 하느니, 중국에서 싼 연필을 수입해서 장사를 하는 게 훨씬 이득이에요. 하지만 장기적으로 봤을 때 좋은 한국산 자동차는 개발이 되지 않겠죠.

　그러니까 경기가 너무 좋아져도 여러 부작용이 생기기 때문에 정부는 이것도 막아요. 기업에 세금을 많이 매기기도 하고 정부가 추진하던 대형 공사를 잠깐 멈추기도 하죠.

●——

그럼 정부가 개입해서 잘 관리한다면 우리나라 경제는 별 문제가 없겠네요.

•——

그래야 하는데 사람이 하는 일이다 보니 마음처럼 잘 안 돼요. 예를 들어 경기가 나빠질 것 같아서 정부가 실업 대책을 내놓습니다. 실업 대책은 결국 기업들에게 사람을 많이 뽑으라는 게 주된 내용이에요. 그런데 아무리 정부라고 해도 기업에게 억지로 사람을 뽑으라고 할 수는 없는 노릇이죠. 그래서 구직자들에게 취업 지원금을 주거나 교육 프로그램을 운영하는 일 같은 간접적인 방식을 씁니다. 아니면 정부가 직접 돈을 들여 사업을 하고 사람을 뽑죠. 문제는 정부가 돈을 쓰는데 실업자가 잘 줄어들지 않는 거예요.

•——

왜 그런 거예요?

•——

예전에는 정부가 그런 정책을 펴면 기업들이 호응을 했습니다. 그런데 한 번, 두 번 계속되다 보니 이상한 일이 벌어졌어요. 정부가 강력한 실업 대책을 내놓으면, 기업들이 '아, 경기가 안 좋아서 정부가 저런 정책을 쓰는구나'라고 알아차리게 된 거죠. 경기가 안 좋다는 사실을 더 정확하게 알게 된 기업이 사람을 더 안 뽑는 겁니다.

정부가 직접 사람을 뽑는 것에도 문제가 생겼습니다. 기술이 발달하면서 일을 하는 데 사람의 손이 점점 더 필요 없게 되었거든요. 예전에

건설 현장에서 땅을 고르는 일을 100명이 해야 했다면, 지금은 한 명이 포크레인 한 대를 가지고 할 수 있게 된 거죠. 정부가 아무리 큰 사업을 벌여도 기술이 고도로 발달해 있어 사람을 무작정 고용할 수 없게 된 거죠.

정부는 예산을 많이 써서 실업 대책을 추진하지만, 정작 실업률은 원하는 만큼 낮아지지 않아요. 뭔가 엉키는 거죠. 그리고 요즘은 외국과 무역도 많이 하잖아요? 환율이나 국제적으로 거래되는 석유 가격의 변동 같은 정부가 조율할 수 없는 문제들이 뻥뻥 터집니다. 영향력도 커졌고요. 정부가 정책을 펴는 데 자꾸 문제가 생깁니다.

그럼 스태그네이션은 정부의 정책 의도가 잘 안 들어맞아서 발생하는 것이군요?

정책이 잘 안 맞을 수밖에 없는 상황이 온 거라고 표현하는 게 정확할 겁니다. 경제 시스템이 복잡해지고, 규모도 커지다 보니 컨트롤하기 어려운 상황이 된 거죠. 컨트롤하기 어렵지만 정부는 계속 시도를 하구요. 그러다 보니 상황이 엉키기 시작합니다. 스태그플레이션이 발생하는 거죠. 스태그네이션(경기 침체) 상황에서 물가가 오르기 시작하는 겁니다.

1970년대가 되면서 스태그플레이션 상황이 발생하기 시작했어요. 경제 불황과 물가 상승이 동시에 발생한 거죠. 스태그플레이션은 그리

간단한 문제가 아니에요. 그래서 서론을 길게 설명할 수밖에 없었어요. 이제 본론을 얘기해 봅시다.

아까 경기가 안 좋아질 것 같으면, 정부가 실업 대책을 내놓는다고 했죠? 다시 말하면, 정부가 돈을 써서 실업자를 줄이려고 하는 것입니다. 그런데 기업들은 그런 정책에 잘 따라오지 않고, 이미 정부는 돈을 많이 썼어요. 정부가 돈을 많이 쓰면 어떤 일이 벌어질까요?

•——

음… 글쎄요. 일단 시장에 돈이 많아지지 않을까요?

•——

간단하게 설명을 해 봅시다. 거시경제학은 국민 경제를 다룬다고 했죠? 국민 경제를 하나의 단위로 생각해 보는 것이 중요합니다. 한국 정부가 평소보다 돈을 많이 썼다면, 정부가 쓴 돈은 한국 어딘가에서 돌아다니고 있을 거예요. 그런데 정부가 쓰는 돈의 규모가 워낙 크다 보니 정부가 지출을 늘리게 되면 그 영향이 생각보다 커요. 평소에 정부가 100조 원의 돈을 썼다고 해 봅시다. 경기를 살리기 위해 평소보다 돈을 많이 써서 120조 원이 돌아다니게 되었어요. 그런데 이렇게 돈은 많이 돌아다니는데, 기업들이 고용을 늘리지 않고 상품도 더 많이 생산하지 않아요. 상품의 양은 늘지 않았고 실업자도 줄지 않았잖아요. 국민 경제에 돈이 많이 공급되었지만 이것이 투자로 이어지지가 않은 거예요.

한편 이렇게 돈의 양만 늘어나면, 돈이 흔해져서 국민 경제 어딘가에 전에 없던 20조 원이 흘러 다닙니다. 아니 정확하게 말해 흘러 다니다가 누군가의 주머니에 쏙 들어가서 안 나오는 상황이에요. 상품의 생산이 늘지 않았는데, 돈이 늘어났잖아요. 그럼 물건의 가격이 올라갑니다. 무슨 이야기냐 하면, 정부가 물건을 사기 위해 시장에 돈을 들고 나왔는데, 물건이 충분하지 않아요. 그런데 정부는 그 돈을 다 쓰기로 했죠. 그러면 평소보다 비싼 값을 주고 물건을 사서 돈을 풀어요. 물건 값이 올라가겠죠. 앞에서 이야기했죠? 이 돈으로 공장을 짓고 직원을 고용해야 하는데 그렇게 하지 않는다구요. 그럼 아까 정부가 쓴 돈은 어디로 갔죠? 기업들의 통장에 들어갔네요. 물가는 올라갔는데, 실업자는 줄지 않고…. 꼬인 겁니다. 경기는 침체되어 있는데, 물가가 오르는 스태그플레이션이 나타나는 거죠. 국민 경제가 어려워지고 사람들이 살기가 팍팍해지는 겁니다.

가난한 사람들의 수입이 늘어야
경제가 살아난다고?

좀 전까지는 재미있게 따라갔는데, 스태그플레이션에서 어려워지기 시작했어요.

●━━

어려운 부분이 맞아요. 그러니 이해가 잘 안 되는 것이 당연할 겁니다. 좀 더 살펴보기로 하죠. 앞에서 단위라는 표현을 썼어요. 거시경제학은 국민 경제를 단위로 합니다. 한 나라의 경제 전체를 놓고 계산을 한다는 뜻이에요.

이렇게 한 나라, 국가, 국민을 기준으로 하면 총공급과 총수요를 계산해 볼 수 있어요. 교과서에서 많이 본 단어죠? 그 나라의 기업들이 생산하는 상품의 가치를 모두 더하면 총공급이 됩니다. 그 나라 국민들이 소비하는 상품이 총수요가 될 거구요. 그러면 총수요와 총공급은 사후적으로는 항상 맞게 되어 있어요. 물론 무역이 포함되어 있기는 합니다. 어떤 나라는 자기가 만든 것보다 더 많은 상품을 소비합니다. 이런 경우에는 외국에서 상품을 수입하면 되겠죠. 반대로 어떤 나라는 자기가 만든 것보다 덜 소비하죠. 이런 경우에는 남는 상품을 외국에 수출할 겁니다.

●——

총수요와 총공급이 뭔지는 알겠는데, 그걸 왜 계산하는 거예요?

●——

그러게요. 그런 엄청난 규모의 것들을 왜 일일이 계산해야 할까요? 결론부터 얘기하면 총수요와 총공급을 계산해야, 국가의 경제를 관리할 수 있기 때문입니다. 일종의 국가가 쓰는 가계부 같은 거예요. 경기가 나빠지면 경기를 살려야겠죠? 반대로 경기가 너무 좋으면 좀 자제시킬 필요가 있습니다. 그럼 경기가 나쁜지 좋은지 알아야 할 것이고, 또 경기를 살리고 자제시키는 방법이 필요하겠죠. 그런 정책을 시행하려면 총수요와 총공급을 계산하는 것이 기본입니다.

애덤 스미스는 한 나라의 부는 그 나라 사람들이 1년 동안 생산하거나 수입하는 상품의 양이라고 했어요. 그러니까 국가의 부를 늘리려면 생산을 많이 하거나 수입을 많이 해야 하는 거예요. 그런데 케인스는 뭐라고 했죠?

●——

사람들이 직업을 가져서 돈을 벌고, 그 돈으로 상품을 살 수 있게 해야 한다고 했어요.

맞아요. 그러니까 케인스는 수요를 본 거죠. '상품을 만들어 내기만 하면 무얼 하지? 사람들이 살 수 없다면, 창고에서 그냥 썩어 갈 텐데. 대공황 때 엄청나게 많이 썩어 갔었지. 그러니까 실제로 사람들이 상품을 살 수 있게 해 줘야 해. 사람들이 직업을 갖게 해서 돈을 벌게 하면 자연스럽게 자기가 사고 싶은 상품을 살 수 있을 거야. 하다못해 국민 1인당 얼마씩 돈을 나눠 주기라도 해서 상품이 소비될 수 있게 해야 해. 그래야 경제가 죽지 않고 돌아갈 거야.' 케인스는 이렇게 생각한 거예요. 케인스는 한 나라의 전체 수요를 계산하는 것이 중요하다고 봤어요. 그게 바로 총수요의 개념입니다.

애덤 스미스 이후로 상품을 많이 만드는 것을 중요하다고 여겼다면, 케인스는 상품을 많이 소비하게 하는 것에 집중했어요. 이것은 거시경제학의 기본 틀이기도 합니다. 총수요가 국가의 부를 결정하기 때문이에요.

그런데 그건 너무 당연한 이야기 아닌가요?

거의 100년 전에 이런 이야기가 나왔다는 점을 생각해 봅시다. 애덤 스미스는 왕실 금고에 금은보화를 채워 넣기 위해 해적들이 돌아다니고, 영토 확장을 위한 전쟁이 당연했던 시대에 '노동'을 이야기했어요. 케인스는 모두가 상품 만들기에 여념이 없던 시대에 상품을 살 수 있는 능력에 주목했구요. 국가의 부는 상품을 많이 만드는 능력에서 오는 것이 아니라, 상품을 살 수 있는 능력이 결정한다는 파격적인 주장을 한 겁니다.

사실 케인스가 총수요라는 개념을 사용한 건 아니에요. 그는 유효 수요(effective demand)라는 개념을 말했습니다. 앞에서 잠깐 설명했죠. effective는 '실질적인'이라는 뜻이 있습니다. 실제로 상품을 살 수 있는 수요라는 의미입니다. 케인스의 대학교 교수님이 마셜이라고 했죠? 그리고 마셜이 수요 곡선과 공급 곡선의 개념을 만들었다고 했습니다. 그러니까 케인스 이전에도 수요와 공급이라는 개념이 있었습니다. 케인스는 수요에 '실질적으로 상품을 살 수 있는 유효 수요'의 의미를 덧붙였습니다.

유효 수요는 소비 수요와 투자 수요로 구성됩니다. 소비 수요는 개인들의 상품에 대한 수요입니다. 쉽게 말해 우리가 상품을 소비하는 것을 말하죠. 반대로 투자 수요는 기업에 대한 것입니다. 기업이 상품을 만들어 내려면 원자재를 구매해야겠죠? 그 부분의 수요입니다. 정부도 있겠죠? 정부도 엄청나게 많은 돈을 씁니다. 따라서 정부가 지출하는 돈도 하나의 수요입니다. 한 나라의 소비 수요와 투자 수요, 정부 지출을 합치면 총수요가 됩니다. 그리고 이 총수요를 확인하고 관리하면 경제적으로 발생하는 여러 가지 문제를 해결할 수 있다고 봤어요.

•— —

해결이라면, 아까 나왔던 대규모 공사를 벌이거나 해서 사람들에게 직업을 주고, 월급을 줘서 상품을 구매할 수 있도록 실질적인 도움을 주는 방식으로요?

•——

그렇죠. 대규모 공사를 해서 일자리를 만들고 사람들에게 월급을 준다는 것은, 사람들이 실제로 물건을 살 수 있게 해 주는 거잖아요. 사람들의 유효 수요를 늘리는 것이고, 결국 총수요를 늘리는 것이죠. 이렇게 총수요를 관리하면 경기를 관리할 수 있다고 보는 겁니다. 경제학 용어로 '총수요 관리 정책'이라고 부릅니다.

경기가 안 좋은 상황을 가정해 봅시다. 정부는 총수요가 늘어날 수 있는 방법을 고민할 거예요. 사람들이 상품을 더 많이 소비할 수 있게 해 주는 거죠. 실업자들이 취업을 할 수 있게 돕고 세금을 깎아 주기도 해요. 세금을 덜 걷어 간 만큼 남은 돈을 소비에 사용할 수 있으니까요. 최저임금을 높이거나 기초생활수급자의 범위를 넓힐 수도 있어요. 돈이 많은 부자들은 돈을 더 번다고 해서 더 많이 쓰지 않습니다. 1년에 100억을 벌다가 120억을 번다고 20억을 더 쓰지는 않아요. 하지만 서민층 사람들은 다르죠. 100만 원을 벌던 사람이 120만 원을 벌게 되면 그 차액을 거의 다 사용할 가능성이 높아요. 돈이 부족해서 꼭 필요한 상품을 사지 못하던 상황이었으니까요. 그렇기 때문에 가난한 사람들에게 돈이 많이 돌아갈 수 있는 제도를 만들면, 국민 경제의 수요가 전체적으로 증가하는 효과를 볼 수 있어요.

그런데 이런 방법, 저런 방법을 모두 사용했는데도 잘 안 될 수 있어요. 그러면 정부가 직접 나서서 물건을 사고, 대형 공사를 벌이곤 합니다. 정부가 직접 돈을 쓰는 거죠. 그럼 반대쪽에서는 누군가 그만큼 돈을 더 벌 테니, 그 사람들이 소비를 늘리면, 총수요가 늘어나게 됩니다. 이렇게 총수요가 늘어나면 기업들이 생산을 늘리고, 자연히 경제가 안정적으로 성장할 수 있다는 것이 총수요 관리 정책의 원리입니다.

그러면 복지 정책하고 총수요 관리 정책하고 같은 것 아닌가요?

비슷해 보이지만 성격이 달라요. 복지 정책은 사람들이 인간답게 살 수 있는 수준을 보장해 주자는 차원의 정책이에요. 총수요 관리 정책은 사람들이 상품을 구매할 수 있게 해 줘, 막혀 있던 돈이 돌고 그로 인해 경기가 살아나게 하자는 정책이구요. 그런데 복지 정책의 효과가 전혀 다른 곳에서 발생하기도 합니다. 정부는 가난한 사람들의 최저 생계를 보장해 주기 위해, 직접 돈을 지급하기도 하고 일자리를 구해 주기도 하는 복지 정책을 폅니다. 그러면 그 사람들이 시장에 나가서 전에는 사지 못했던 상품을 사요. 전체적으로 총수요가 늘어나고, 다시 경기를 살리는 효과가 나타납니다. 이렇게 정부가 직접 세금으로 벌이는 정책을 '재정 정책'이라고 합니다. 정부가 직접 지출하는 방식이죠. 방식이 비슷하다 보니 복지 정책은 일종의 재정 정책 같은 효과를 나타내기도 합니다.

●──

총수요 관리 정책을 펴는 다른 방식도 있나요?

●──

총수요 관리 정책에는 통화 정책도 있어요. 재정 정책은 방금 말한 것처럼 정부가 세금을 어떻게 쓸 것인지에 대한 문제를 담고 있습니다. 하지만 이것만 가지고는 총수요 관리가 잘 안 될 수 있어요. 그래서 통화 정책도 사용해요. 통화 정책은 금융 정책이라고 부르기도 합니다. 통화 정책은 다시 두 가지로 나누어집니다. 통화량을 조절하는 방법이 있고, 이자율을 조절하는 방법이 있어요. 통화량, 이자율 같은 단어들이 어렵죠?

●──

네. 쉽게 다가오지 않아요. 통화 정책의 통화가 정확히 무슨 의미에요? 그리고 통화를 조절한다는 게 어떤 건지도 잘 모르겠어요.

●──

통화란 우리가 일상에서 사용하는 돈을 말합니다. 통화 정책은 이런 화폐들이 오가는 은행을 이용해 총수요를 관리하는 것이라고 생각하면 편해요. 통화량을 조절하는 방식부터 봅시다. 모든 나라에는 중앙은행이 있어요. 우리나라는 한국은행이 중앙은행이죠. 한국은행은 돈을 찍어 낼 수 있는 권한이 있어요. 그래서 총수요가 더 늘어나야 한다고 생각하면, 한국은행이 돈을 새로 찍어요. 새로 찍은 돈을 시중에 풀어서 사람들에게 그 돈이 도달하면 총수요가 그만큼 늘어나겠죠.

이자율 조절에도 한국은행이 등장합니다. 한국은행 통장을 가지고 있는 사람 있나요? 한국은행은 개인이나 기업을 상대로 하는 은행이 아니에요. 우리가 보통 은행이라고 알고 있는 우리은행, 국민은행, 기업은행 같은 '상업 은행'들의 은행이 바로 한국은행이에요. 한국은행이 상업 은행들에게 돈을 빌려주거든요. 세상에 공짜는 없죠? 상업 은행들이 중앙은행인 한국은행에 돈을 빌리면 이자를 내야 해요. 한국은행이 그 이자를 정하죠. 만약 한국은행이 정한 이자가 올라가면 상업 은행들은 개인이나 기업에 대출을 해 줄 때 높은 이자를 받아야 해요. 그래야 손해를 안 보겠죠. 한국은행이 정하는 이자가 내려가면 상업 은행들이 낮은 이자에 대출을 해 줄 거예요. 그러면 개인이나 기업이 낮은 이자로 돈을 빌릴 수 있죠. 이자가 낮으면 사람들이 돈을 많이 빌리겠죠? 돈을 많이 빌려 가면 그 돈을 소비에 쓰든, 투자에 쓰든 할 테니까, 총수요가 늘어나는 효과가 있습니다. 이게 바로 통화 정책이에요.

왜 경기는
늘 안 좋을까?

정부가 쓸 수 있는 방법이 많이 있네요. 그런데 왜 뉴스에서는 맨날 경기가 안 좋다고 하는 거예요?

●——

한 방 먹었네요. 맞아요. 이상한 노릇이죠. 이렇게 좋은 거시경제학 정책들이 있는데, 뉴스에서는 맨날 경기가 나쁘대요. 우리나라 공무원들이 경제학을 모르는 것도 아닐 거구요. 다들 어려운 공무원 시험을 통과한 사람들이잖아요. 공무원이 되려면 경제학 시험도 치러야 하거든요. 자, 의문을 한번 풀어 봅시다.

총수요 관리를 위해 정부가 재정 정책을 쓴다고 해 봅시다. 정부가 재정 정책을 쓰기 위해서는 지출을 늘리고, 세금은 덜 걷어야 해요. 그런데 이게 말이 안 되는 거잖아요? 정부의 수입은 세금에서 나오는 건데, 세금은 줄이면서 지출을 늘린다는 것이.

그러네요. 그러다 정부가 망하는 거 아닌가요?

이럴 때 방법은 하나뿐이죠. 빌리는 거예요. 국가가 돈을 빌리는 가장 대표적인 방법은 국채(國債)를 발행하는 겁니다. 국채란 정부가 나중에 원금과 이자를 갚겠다는 약속을 적은 차용증(채권)을 쓰고 개인과 기업으로부터 돈을 빌리는 거예요. 국채를 거래하는 시장은 따로 있어요. 주식을 거래하는 주식 시장이 따로 있는 것과 마찬가지입니다. 아무래도 정부가 움직이는 것이다 보니 규모가 커서, 평범한 개인들이 거래하기는 절차도 어렵고 액수도 커요. 하지만 국채 거래를 할 수 있는 증권 회사에 가면 개인도 국채를 살 수 있어요. 어쨌건 정부가 채권을 찍어 내고 팔아서 돈을 모으고, 그렇게 모은 돈으로 지출을 늘립니다. 정부가 이런 방식으로 지출을 늘리면 총수요가 일시적으로 늘어나요. 정부가 국채를 팔고 받은 돈으로 시장에 나가 상품을 사는 거니까요.

정부가 상품을 산다는 게 잘 안 와 닿죠? 정부가 국채를 팔아서 생긴 돈을 가지고 땅을 사서 건물을 짓는다고 생각해 보죠. 정부라고 해서 특별한 건 아니에요. 땅 주인에게 돈을 주고 땅을 사서, 건축 회사에 돈을 주고 건물을 짓죠. 물론 공사 규모는 어마어마하게 크겠죠. 그러면 일자리도 생기고 경기도 좋아져서 기업들은 투자를 늘리고 노동자를 많이 고용하는 방향으로 가야겠죠? 그런데 실제로는 그렇게 되지 않습니다. 기업들이 그렇게 하지 않거든요.

●——

　돈도 빌렸고, 경기를 살리려고 애를 썼는데, 왜 그런 거죠?

●——

기업이 똑똑해서 그래요. 앞에서 스태그플레이션에 대한 이야기를 하면서도 잠깐 나왔던 이야기입니다. 기업이 시장 돌아가는 상황을 딱 보는 거예요. '경기가 안 좋으니까 정부가 지출을 늘리는구나. 그런데 정부가 채권을 발행해서 기업이랑 개인한테서 돈을 빌려 가는 바람에 시중에 돈이 줄어들었네. 돈이 줄어드니 돈의 가치가 상승해 은행 이자가 올라갔고, 은행에서 돈을 빌리기 어려워졌구나. 이건 정말 경기가 좋아져서 생겨나는 일이 아니야. 정부가 계획해서 벌인 일이기 때문에 괜히 지금 비싼 이자를 주고 은행에서 돈을 빌려 투자를 했다가는 망할 거야. 그러니까 가만히 있자.'

　결과적으로 은행 이자만 비싸지고, 기업들은 투자를 하지 않습니다. 이것을 구축 효과(crowding out-effect)라고 불러요. crowd는 '밀려오다'라는 뜻이니까 밀려와서 쫓겨나는 효과겠죠? 정부 지출이 밀려와서 기업 투자를 밀어낸 겁니다. 정부가 맘먹은 대로 안 되는 거죠. 물론 이미 정부가 풀어 놓은 돈이 있고, 그것을 겨냥하고 사업을 하는 기업들은 투자를 늘릴 수도 있습니다. 하지만 그건 현실적으로 한계가 있어요. 정부의 재정 정책은 경기가 살아나게 불쏘시개 역할을 하는 것이지, 모든 것을 완벽하게 해결해 줄 수는 없거든요. 이런 것을 아는 똑똑한 기

대한민국 정부가 발행한 1,000원짜리 건국 국채 증서.

업들이 적극적으로 투자를 하지 않는 거죠.

●――

　재정 정책에도 문제가 있군요.

●――

맞아요. 정부는 기본적으로 통이 크니까 국채를 발행하면 엄청 많이 발행해요. 2015년 1월, 2월, 3월 동안 한국 정부가 발행한 국채가 4조 6천억 원 정도 된다고 합니다. 어마어마하죠. 규모가 크다 보니 효과가 완전히 없는 것은 아니지만, 원하는 만큼 효과가 나지는 않아요.

　앞에서 경제학설사가 뭐라고 했죠? 경제학자들이 어떤 이론을 만들면, 그의 동료나 후배들이 공부를 해서 그 이론을 반박하고 새로운 이론을 만들어 내는 역사라고 했어요. 케인스가 매우 뛰어난 경제학자였지만 그의 이론에도 구멍이 있을 수 있잖아요. 실제로 케인스의 이론으로 해석이 안 되는 부분들이 나타나기 시작했어요. 바로 이런 구축 효과 같은 거죠. 그래서 케인스에 반대하는 이론이 등장해요. 재정 정책이 아닌 통화 정책을 지지하는 사람들이 나타난 겁니다.

　기업들이 원하는 대로 움직이지 않는 재정 정책은 효과가 없으니 통화 정책을 중심으로 경제 안정화 정책을 짜야 한다고 주장하기 때문에, 이들을 통화주의자라고 부릅니다. 대표적으로 밀턴 프리드만이라는 사람이 있어요. 시카고 대학교 경제학과 교수였어요. 이 사람을 중심으로 시카고 대학교 경제학과 사람들이 경제학계에서 큰 힘을 얻게 됩니다. 이들을 묶어서 시카고학파라고 불러요. '신자유주의'라는 말 들어 봤죠? 정확한 이름은 아니지만, 시카고학파들이 통화주의를 주장하는 내용을 '신자유주의'라고 부르고 있어요. 하지만 아주 정확하게 분석해서 지은 이름은 아니니까 신중하게 사용해야 합니다.

●——

그럼 통화 정책을 쓰면 경제 문제가 해결이 되는 건가요?

●——

100퍼센트 그렇다고 말할 수는 없어요. 케인스의 주장을 따르는 학자들이 보기에 통화 정책은 효과가 불확실하거든요. 통화 정책에서 경기를 살리는 대표적인 방식은 이자율을 낮추는 겁니다. 은행에 돈을 예금했을 때의 이자가 낮으면, 사람들이 그 돈을 은행에 맡기지 않고 사업하는 데 투자할 거라는 게 그들의 생각이죠. 그런데 그렇게만 되면 좋겠지만, 그렇지 않을 수도 있잖아요.

이자율이 낮아졌다고 합시다. 그러면 은행에서 이자를 많이 안 주니까 사람들이 돈을 빼 와요. 하지만 꼭 기업에 투자할 거라는 보장이 있나요? 기업이 아니라 부동산에 투자할 수도 있겠죠. 금 투자가 돈이 된다는 이야기가 돌면 금을 사러 다녀요. 이렇게 어디에라도 돈을 투자하면 그나마 나을 겁니다. 어떤 경우에는 현금을 가지고 있거나, 이자율이 낮아도 은행에서 돈을 안 찾아가는 경우도 있어요. 실제로 그런일이 일어났어요. 우리 옆 나라 일본이 그렇습니다.

일본은 아주 오랫동안 경기가 나빴습니다. 경제 성장률이 낮았거든요. 일본 정부는 경기를 살리려고 엄청 노력을 했어요. 이자율을 낮추다 낮추다 결국 거의 이자를 주지 않는 수준까지 내렸어요. 은행에 예금을 해도 이자를 못 받는 겁니다. 그런데도 사람들이 돈을 빼 가지 않고 그대로 은행에 맡겨 두는 이상한 상황이 발생했어요. 우리나라에서도 우체국에 예금을 할 수 있죠? 일본에도 우체국 같은 우정공사라는 곳이 있습니다. 지금은 민영화가 되었지만, 얼마 전까지만 해도 공기업이었어요. 일본 사람들이 이 우정공사에 예금을 가장 많이 했어요. 그런데 우정공사는 일본 정부에서 관리하는 거니까 강력한 정책을 써서 이자를 거의 안 줬죠. 그랬는데도 사람들이 우정공사에 저축을 제일 많이 하고, 찾아가지를 않는 겁니다.

아니 이자도 안 주는데 왜 저축을 해요?

우정공사는 국가가 운영하는 기관이었잖아요. 그래서 최소한 망하지는 않을 거라고 생각한 거죠. 기업에 투자하지 않는 것도 마찬가지예요. 경기가 계속 안 좋으니까 기업에 투자했다가 망해서 원금을 다 날리느니, 이자를 안 주지만 망하지는 않을 것 같은 안전한 우정공사에 넣어 놓자고 생각한 거예요.

지금 우리나라도 이자율이 낮아요. 그럼 사람들이 은행에 돈을 넣어 놓지 않고 어딘가 투자를 해서 굴리는 게 맞을 것 같은데 실제로 그럴까요? 어제까지 멀쩡하던 회사가 오늘 갑자기 무너지기도 하고, 전반적으로 경기가 안 좋다는 이야기를 많이 듣다 보니 아주 낮은 이자를 준다고 해도, 적금에 가입하는 사람들이 많아요. 우리나라도 일본과 비슷한 셈입니다.

케인스학파 경제학자들은 이런 예들을 들어 통화 정책의 효과가 미미할 거라고 주장합니다. 통화량을 조절하고 이자율을 조절한다고 해서 실제로 상품이 팔리는 게 아니거든요. 기업이 은행에서 돈을 빌려 기계를 샀다고 해 봅시다. 기업은 기계에서 생산하는 상품을 팔아서 이자를 갚아요. 그러면 최소한 상품을 판 돈이 이자보다는 많이 나와야 해요. 반대로 말하면 이자가 아무리 싸도, 상품이 안 팔리면 소용이 없다는 뜻이죠. 상품이 팔릴 수 있게 해 줘야 한다는 겁니다. 재정 정책은 적어도 정부가 지출을 해서 상품을 사는 방식이잖아요? 그 상품은 결국 기업이 만든 거구요.

●——

아, 교수님, 그럼 대체 어떻게 해야 하는 거예요?

●——

재정 정책과 통화 정책을 적절하게 섞어서 활용하면 됩니다. 실제로 재정 정책과 통화 정책 중 하나만 쓰는 경우는 거의 없어요. 우리나라도 마찬가지죠. 물론 어떤 정부는 재정 정책을 선호하고, 어떤 정부는 통화 정책을 선호해서 둘 중 하나를 주로 쓰기는 하지만, 하나만 쓰는 경우는 거의 없다고 보면 됩니다.

완벽한 경제 대책은 아직 나오지 않았어요. 그래서 거시경제학자들이 열심히 연구를 하고 있죠. 지금 우리에게 중요한 것은 거시경제학이 무엇을 위한 경제학인지 아는 거예요. 거시경제학은 어떻게 하면 국민 경제를 안정적으로 관리하고 성장시킬 수 있는지를 연구하는 학문이에요. 그래서 정부나 정책, 총수요와 총공급 같은 규모가 큰 개념들을 다뤄요. 실제 매일매일 벌어지는 일이기 때문에 사람들이 관심을 기울이는 부분이기는 하지만, 현실은 이론과 다른 부분이 많기 때문에 정확하게 딱 맞지 않는 경우도 있죠.

다만 어떤 조건에서 어떤 거시경제 정책이 적합한지에 대한 판단을 할 수는 있어요. 기업들이 좋은 상품을 많이 만들어 놨는데 사람들이 가진 돈이 없어 경기가 침체되어 있다면, 사람들 수중에 돈이 들어갈 수 있게 이자율을 낮추는 정책과 세금 감면 정책을 섞어서 쓰는 것이 맞을 겁니다. 만약 기업들이 일시적으로 기술 경쟁력에 밀려 좋은 상품을 만들지 못하고 있다면, 정부가 기업들의 상품을 사 줌으로써 자금 사정이 나아지게 해 줄 수 있을 거구요.

정부가 어떤 정책을 쓰려고 할 때 우리는 그 정책이 합리적인지 판단할 수 있어야 합니다. 우리는 투표를 하잖아요. 국민들이 거시경제학을 안다면 잘못된 경제 정책을 펼치려는 정부에 표를 주지 않을 거예요. 그래야 국민 경제가 잘 돌아가고, 국민 경제가 잘 돌아가야 우리가 먹고사는 것이 편해지니까요.

자, 정리를 해 봅시다. 보통 경제 교과서의 앞부분은 사람들 개인이 어떻게 경제 활동을 하는지를 개인 차원에서 다룹니다. 어려운 말로 미

시경제학이라고 부르죠. 뒷부분은 거시경제학이라고 부르구요. 거시
경제학은 국민 경제의 총체적인 부분을 주로 다루지요. 사람들이 취업
을 해서 돈을 벌고, 그 돈을 쓰고, 세금을 내고, 정부는 다시 그 돈을 사
용하는 것에 대한 이야기입니다. 정부는 모든 국민이 더 많은 만족감
을 누릴 수 있게 하는 것을 경제 정책의 목표로 삼습니다. 실업률을 줄
이려는 것도 국민이 직업을 가져야 돈을 벌고, 돈을 벌어야 소비를 하
고, 소비를 해야 효용이 올라가기 때문이죠.

정부는 이렇게 국민 경제가 꾸준히 안정적으로 성장할 수 있도록 여
러 가지 정책을 사용해요. 정부가 걷은 세금을 어떻게 사용할 것인지
를 정하는 재정 정책이 있고, 시장에 돌아다니는 돈의 양과 은행에 예
금한 저축에 이자를 많이 줄 것인지 아닌지를 정하는 통화 정책이 있습
니다. 각각의 정책은 장단점이 있어서, 어느 하나가 옳다고 말할 수는
없어요. 정부는 두 정책에 맞는 상황을 충분히 고려해서 어떤 정책을
쓸 것인지 현명하게 판단해야 할 겁니다. 우리는 이런 정부의 선택이
적절한지를 판단할 수 있어야 하구요.

3부 개념 정리

미시경제학(micro-economics, 微視經濟學)

개별 소비자가 어떻게 소비하고, 개별 기업이 어떤 방식으로 생산하느냐에 대한 의사결정과 이러한 의사결정의 결과가 어떻게 상호작용하는지, 그리고 이러한 경제행위가 후생에 미치는 효과를 탐구하는 분야입니다. 미시(micro)라는 말의 뜻은 아주 작다는 의미입니다. 그러나 개별 기업이 모두 작은 규모를 의미하지는 않습니다. 예를 들어 마이크로소프트나 제너럴모터스 같은 개별 기업의 생산 규모는 웬만한 국가의 총체적인 생산(국내총생산) 수준보다 큽니다. 따라서 미시와 거시의 구분은 규모보다도 개별적으로 보느냐 총체적으로 보느냐의 차이에 있습니다.

거시경제학(macro-economics, 巨視經濟學)

미시경제학인 접근, 즉 개인의 의사 결정에서 시작하는 것으로는 경제 현상을 전부 설명하기 어렵다고 보고 사회적 차원의 분석을 하는 경제학 분야입니다. 사회의 가장 큰 단위라고 할 수 있는 국민경제를 기준으로 경제적 문제를 설명하려고 합니다.

국민 경제(national economy, 國民經濟)

거시 경제학에서 경제를 분석하는 단위로, 한 국가가 기준입니다. 단위는 국가이지만, 경제 활동을 하는 것은 사람이므로 한 국가의 모든 사람을 일컫는 '국민'이라는 단어를 사용합니다.

애덤 스미스(Adam Smith, 1723~1790년)

스코틀랜드 출신의 정치경제학자이자 자본주의와 자유무역의 이론적 기초를 제공한 학자입니다. 『국부론』이 애덤 스미스의 경제학 이론을 서술하고 있는 대표 저작입니다.

경제학설사(history of economic theory, 經濟學說史)

경제학 또는 경제학자의 역사를 통해서 살펴보는 경제학 이론의 발달사를 말합니다. 경제 현상을 해석하고 이에 대한 해결책을 내놓으며, 그것을 이론적으로 반박하고 새로운 해결책을 내놓는 경제학과 경제학자들의 역사입니다.

뱅크런(bank-run)

은행이 부도가 나면 고객들이 예금한 돈을 선착순으로 돌려주기 때문에, 은행 금고에서 돈이 떨어지기 전에 예금을 찾기 위해 은행으로 뛰어가는 현상을 일컫는 말입니다. 금융 기관이 위기에 처했을 때나 경제 위기가 찾아왔을 때 사람들이 예금을 급하게 인출하려는 현상을 말합니다.

뉴딜 정책(New Deal)

영어의 뜻대로 '새로운 협약'을 말합니다. 미국 프랭클린 루즈벨트 대통령이 1933~1936년에 실시한 경제 정책입니다. 정부가 실업자에게 일자리를 마련해 주고, 경제 구조와 관행을 개혁해 대공황의 위기를 극복하기 위해 시행한 경제 정책입니다. 대규모 토목공사를 벌여서 실업자를 고용하고, 노동자들이 많은 임금을 받을 수 있게 보호해 준 것이 특징입니다. 이렇게 사람들이 돈을 벌게 되면, 시장에 나가 상품을 구입할 수 있게 됩니다. 그러면 상품을 파는 기업이 살아나고, 다시 노동자를 고용하는 선순환이 일어나서 경기가 회복될 수 있습니다.

물가(price level, 物價) 한 나라에서 생산된 모든 상품의 가격 수준을 말합니다. 어떤 특정한 물건의 가격이 오르고 내리는 것이 아니라 국가 전체로 계산합니다. 인플레이션(inflation)은 물가가 지속적으로 오르는 현상을 말하고, 디플레이션(deflation)은 물가가 지속적으로 내리는 현상을 말합니다.

소비자 물가지수(Consumer Price Index, CPI), 생산자 물가지수(Producer PriceIndex, PPI) 한 나라에서 생산된 모든 물건은 소비자가 실제로 사용하는 물건인 소비재와 그 물건을 가지고 다른 물건을 생산하는 생산재로 나누어 볼 수 있습니다. 예를 들어 우리가 직접 먹는 빵이 소비재라면, 빵집에서 빵을 만들기 위해 구입하는 밀가루는 생산재입니다.
소비자인 개인과 생산자인 기업은 서로 경제적 상황이 다르므로 소비자를 중심으로 계산한 물가 지수와 생산자를 중심으로 계산한 물가 지수는 달리 계산될 필요가 있습니다. 소비자 물가지수는 소비재를 대상으로, 생산자 물가 지수는 생산재를 대상으로 계산한 물가 지수입니다.

경기(business cycle, 景氣) 경제 활동의 상태를 말합니다. 예를 들어 기업이 장사가 잘 되면, 직원을 많이 뽑아 상품의 생산을 늘립니다. 월급을 받는 사람들이 많아지면 시장에서 물건이 더 많이 팔리고, 저축도 늘어나겠죠. 그러면 기업은 돈을 더 많이 벌고 은행에서 대출을 받기도 쉬워집니다. 그러면 다시 직원을 많이 뽑고 공장을 넓힐 수 있습니다. 반대로 불황(depression)은 경기가 침체되어 있다는 뜻입니다. 경제가 성장하지 않고, 돈이 돌지 않는다는 상황을 말합니다.

스태그플레이션(stagflation) 보통 경기가 침체될 때 물가가 하락하는 디플레이션이 발생하고, 경기가 지나치게 활성화될 때 물가가 오르는 인플레이션이 발생합니다. 그런데 경기가 침체되었는데 물가가 오르는 일이 발생하기도 합니다. 이것을 스태그플레이션이라고 부릅니다. 1970년대 미국과 서유럽을 비롯한 자본주의 나라들에서 발생한 현상입니다. 정부의 시장에 대한 개입의 실패, 미국의 재정 적자와 무역 적자의 증가, 석유를 생산하는 나라들이 갑자기 수출용 석유의 가격을 큰 폭으로 올린 오일쇼크 등이 복합적인 원인으로 작용했습니다.

총공급(Aggregate Demand, 總供給), 총수요(Aggregate Supply, 總需要) 한 나라 경제를 통틀어 전체적으로 계산한 것에 '총'이라는 수식어를 붙이는 경우가 많습니다. 총공급과 총수요도 마찬가지입니다. 특정한 개별 시장의 공급과 수요가 아니라, 국민 경제 전체를 놓고 보았을 때의 공급과 수요입니다.

유효 수요(effective demand, 有效需要) 실제로 상품을 구매할 수 있는 능력이 있는 수요를 말합니다. 사람들이 돈을 가지고 있지 못하다면, 아무리 물건을 갖고 싶고 상점에 좋은 물건이 많이 있어도 살 수 없습니다. 따라서 사람들이 실제로 물건을 살 수 있도록 만드는 것이 경기를 순환시키는 첫 시작이 될 거라고 케인스는 생각했습니다. 케인스의 영향을 받은 거시경제학에서는 한 나라 전체의 유효 수요를 중요하게 생각합니다.

소비 수요(consumption demand, 消費需要) 소비 지출이라고도 부릅니다. 소비자가 소비하려는 상품의 양입니다. 소비자가 벌어들이는 소득에

크게 영향을 받으며, 소비 수요는 유효 수요를 구성하는 요소입니다.

투자 수요(investment demand, 投資需要)
투자지출이라고도 부릅니다. 기업이 상품을 생산하기 위해 사용하려는 생산재의 양입니다. 소비 수요의 경우 소득이 중요했지만, 투자 수요의 경우 자금을 융통하고 지불해야 하는 이자율이나 투자를 했을 때 벌어들일 수 있는 수입이 중요하게 고려됩니다.

총수요 관리 정책(aggregate demand management, 總需要管理政策) 소비 수요, 투자 수요, 정부 지출을 증가시키거나 감소시킴으로써 경기를 관리하려는 정책입니다. 경기가 나쁠 때는 총수요를 증가시키고, 경기가 과열될 때는 총수요를 줄이는 방식으로 조절합니다.

정부의 지출과 조세를 늘이거나 줄이는 방식으로 총수요를 관리하는 재정 정책과 유통되고 있는 통화의 양이나 이자의 수준을 조절해서 총수요를 관리하는 통화 정책으로 구분됩니다.

4부

한류도 경제학으로
설명이 되나요?

무역, FTA 그리고 IMF

무역이 뭘까?

경제와 정부의 관계에 대해 이해가 좀 됐나요? 경제 문제를 놓고 정부가 고민을 많이 할 거예요. 재정 정책도 통화 정책도 원하는 대로 성과를 내지 못할 경우가 많거든요.

●——

경제와 정부의 관계가 이렇게 밀접한지 몰랐어요. 그런데 정부 정책에 대해서는 비판적인 이야기가 많더라구요. 신문이나 뉴스에 비판하는 기사가 맨날 나오구요. 정부가 잘하는 것 같지는 않지만 어떤 걸 잘못하는지는 사실 잘 모르겠어요.

●——

무엇에 대한 비판이 많던가요?

●——

최근에 본 것 가운데는 FTA에 대한 것이 많았어요. 정부는 FTA를 많이 체결하려고 하는 것 같은데, 반대하는 사람들이 많더라구요.

●──

찬성하는 사람들도 꽤 많죠.

●──

어쨌든 찬성하는 사람들과 반대하는 사람들이 엄청 치열하게 싸우던데요?

●──

맞아요. 그러면 경제학에서 이 부분을 어떻게 다루고 있는지 살펴볼까요? FTA를 찬성하는 사람과 반대하는 사람들의 주장은 뭘까요?

●──

FTA를 찬성하는 사람들은 우리가 수출로 먹고살기 때문에 무역 자유화를 많이 해야 한다고 하고, 반대하는 사람들은 무역 자유화를 하면 국내에 피해를 보는 사람들이 많아져서 반대하는 거 아닌가요?

●──

시작부터 어렵네요. 무역을 어떻게 할 것이냐를 놓고 사람들의 의견이 많이 달라요. 물론 어떤 일에 대해 서로 의견이 다른 게 나쁜 것은 아니에요. 다양한 의견이 있어야 더 좋은 답을 찾을 수 있는 기회가 생기니까요. 하지만 문제 해결을 위한 토론이 아니라 막무가내로 싸우는 거라면 그건 크게 도움이 되지 않을 겁니다. 우리는 어느 한쪽 주장만 다

한미 FTA를 반대하는 사람들이 붙인 대형 플래카드. FTA에 대한 견해는 지금까지도 첨예하게 갈린다.

루지 말고 다양한 주장들을 살펴보기로 하죠. 각각의 주장들에 어떤 근거가 있는지도 확인하고요. 이런 이야기를 나누기 전에 우선 무역이 무엇인지 확인할 필요가 있습니다. 무역이 뭐죠?

> 다른 나라에 물건을 수출하거나 다른 나라 물건을 수입하는 것이 무역 아닌가요?

조금만 더 자세하게 살펴봅시다. 물건을 수출하고 수입하는 것만 무역일까요? 무역에 대한 뉴스나 기사가 나오면 보통 항구에 엄청나게 큰 컨테이너들이 쌓여 있고, 엄청나게 큰 운반선에 끊임없이 짐을 싣고 내리는 장면이 나와요. 그래서 보통 물건을 수출하고 수입하는 것만 무역이라고 생각하기 쉽죠. 그런데 국제 무역(international trade)은 보통 서비스라고 하는 용역 거래와 자본이나 노동의 거래까지를 포함합니다. 어떤 경우에는 통상(通商)이라는 단어를 따로 쓰기도 합니다. 무역은 재화와 용역의 국제 거래를 말하고, 통상은 재화·용역·자본·노동의 국제 거래를 모두 포함하는 것으로 분리해서 사용하기도 하죠. 우리는 구분하지 않고 모두 무역이라고 부르도록 합시다. 무역 가운데 서비스 부분을 살펴볼까요?

씨티은행이라는 곳이 있습니다. 미국에서도 매우 큰 은행입니다. 그런데 우리나라에도 씨티은행이 있어요. 미국 은행이지만 여러분도 계좌를 개설할 수 있고, 체크카드를 만들 수도 있어요. 미국의 은행이 한국에서 은행 서비스를 제공하는 이유는, 한국에서 돈을 벌기 위해서겠죠? 그렇게 씨티은행은 한국에서 벌어들인 돈을 미국으로 가져갑니다. 외국계 보험 회사나 맥킨지 같은 유명한 컨설팅 회사도 모두 서비스를 제공하고 이익을 내는 곳들이죠. 우리나라에서 활동하는 이런 외국계 기업들이 이익을 내서 본국으로 보내면, 국제적으로 서비스 거래가 일어나고 무역이 발생한 거예요.

아이돌 그룹의 해외 활동도 마찬가지겠죠. 아이돌 그룹의 신곡을 외국에 있는 누군가가 돈을 내고 다운받는다면, 수출을 하는 것입니다. 아이돌 그룹이 외국에서 투어 콘서트를 하고 수익이 생기면 이것도 수출이 되겠죠. 아이돌 그룹의 캐릭터가 담긴 부채, 컵, 노트 같은 상품을 외국에 수출하기도 합니다. 한류가 주목을 받는 것에는 문화적인 측면도 있지만, 수출 효과가 있다는 점도 꽤 큰 이유입니다. 그래서 많은 아이돌들이 대통령 표창까지 받는 거예요.

나라와 나라 사이에 물건을 사고파는 무역의 역사는 긴 반면, 서비스 부분의 거래는 아직 활발하지 않아요. 따라서 서비스 부분의 무역 개방이 진행되면 어떤 일이 벌어질지 예측하기 힘듭니다. 미국 법률 회사가 한국에서 법률 서비스를 제공할 수도 있고, 미국 병원이 한국에서 의료 서비스를 제공할 수도 있어요. 미국인이 우리나라에 캠퍼스를 짓고 교육 서비스를 제공하면 어떤 일이 일어날까요? 이런 서비스 부분의 무역이 개방되면 어떤 일들이 벌어질지를 놓고 토론이 자주 벌어집니다. 그리고 국가 사이에는 자본과 노동의 거래도 일어납니다. 자본과 노동의 거래는 생산요소가 이동하는 것이기 때문에 단순한 무역과 비교하여 국민 경제에 큰 영향을 미칩니다.

●––

　자본의 거래는 외국 자본이 한국에 투자하는 것 같은데, 노동은
　외국인 노동자들이 들어와서 일하는 걸 말하는 걸까요?

●––

자본의 거래는 이야기한 대로 국가끼리 자본을 투자하는 것을 말합니다. 예를 들어 미국에서 부자들이 몇 명 모였다고 합시다. 그 사람들이 돈을 모아서 한국 기업의 주식을 사요. 그 기업은 획기적인 기술을 보유하고 있는데, 아직 시장에서 인정을 받지 못했어요. 미국에서 이 기업에 투자하기로 결정했고. 나중에 회사가 잘되어 이익이 많이 생기

먼 나라 이란에서도 한류 열풍이 뜨겁다. 삼둥이 아빠가 출연한 〈주몽〉은 바비인형, 슈렉과 어깨를 나란히 하며 아이들의 가방을 장식하고 있다.

면, 이익금을 가져갈 수 있을 겁니다. 한편 회사가 잘되면 그 회사의 주식 가격도 올라가겠죠? 그러면 싸게 샀던 주식을 비싸게 팔아서 이익을 낼 수도 있어요. 어쨌건 외국 자본이 한국에 투자한 것이고, 자본의 국제 거래가 일어났습니다.

노동이 거래되는 것도 중요한 부분이에요. 말 그대로 노동자들이 글로벌하게 움직이는 거죠. 외국인 노동자가 우리나라에서 일을 해서 돈을 벌고, 그 돈을 자기 고향 나라로 가지고 갈 수 있잖아요? 그러면 외국인 노동자는 자신의 노동력을 한국에 수출한 셈이 되는 거죠.

허나, 자본과 노동의 이동에는 제약이 많았습니다. 자본의 경우 투기의 위험이 크기 때문이에요. 투기라는 것은 기회를 틈타 큰 이익을 보려고 하는 걸 말하니까 사람들이 투기를 하도록 내버려 두면 안 되겠죠. 실제로 투자보다는 투기적 성격의 자본 이동이 많아요. 그렇다 보니 외국 자본이 함부로 들어오는 것을 막을 필요가 있었던 거죠. 요즘 중국 사람들이 제주도 땅을 많이 사들이고 있다는 이야기가 들려요. 제주도가 중국 땅이 되는 건 아닌가 우려하는 목소리도 커지고 있구요. 아직 소문에 가까운 이야기지만 실제로 그렇게 되지 말라는 법도 없잖아요? 실제로 제주도에 엄청나게 몰려드는 중국인 관광객들을 보면 제주도가 한국 땅인지 중국 땅인지 구별하기 어렵기도 합니다. 아무튼 무분별한 투기성 자본 이동은 규제할 필요가 있습니다.

노동의 이동도 규제할 필요가 있어요. 외국인 노동자들이 국내에 많이 들어온다고 생각해 보죠. 외국인 노동자가 많이 들어온다는 것은 노동 시장에서 경쟁이 치열해진다는 얘기예요. 자연스럽게 임금이 내려가겠죠. 게다가 외국인 노동자들의 경우 보통 낮은 임금을 받아도 일을 하려고 합니다. 그러다 보니 경쟁에서 밀린 자국 노동자들이 일자리를 잃을 우려가 있어요. 그래서 노동의 이동을 많이 규제했었는데 지금은 전 세계적으로 이런 규제들이 풀리고 있는 상황이에요. 교통과 통신이 발달하면서, 노동자들의 이동과 자본의 이동이 쉬워지고 있기 때문이죠.

그중에서도 특히 자본의 이동이 많이 쉬워졌어요. 인터넷이 발달하면서 외국으로 돈을 보내거나 받는 것, 외국의 주식을 사고 파는 것이 매우 쉬워졌죠. 이렇게 기술이 발달하다 보니, 외국에 투자 혹은 투기

를 해서 돈을 벌려고 하는 사람들도 늘어났습니다.

●──

그래도 여전히 상품을 사고파는 무역이 주를 이루고 있는 거죠?

●──

꼭 그런 것은 아니에요. 앞에서 말했듯이 자본의 이동이 급격하게 늘어나고 있거든요. 인터넷 같은 통신 발달이 큰 역할을 하고 있죠. 그래도 일단 상품 거래를 중심으로 살펴보는 것이 좋을 것 같다는 생각이 드네요. 자본의 이동은 아직까지는 정리가 좀 덜 되어 있기도 하구요.

무역이
필요한 이유

그럼 우리나라 무역 이야기부터 해 주세요. 신문 기사에서 봤는데, 우리나라는 식량 자급률이 낮은 것이 문제라고 하더라구요. 그런데 식량 자급률이 낮더라도 우리가 휴대폰을 많이 만들어서 외국에 팔고 그 돈으로 식량을 사 오면 되는 것 아닌가요? 무역은 부족한 것은 사 오고, 많이 만들어서 남는 것은 팔기 위해 하는 거잖아요.

맞아요. 그런데 통계를 볼 때는 항상 기준을 잘 살펴봐야 합니다. 우리나라 식량 자급률은 25퍼센트 정도 된다고 합니다. 여기서 하나를 짚고 넘어갑시다. 우리가 먹는 쌀은 대부분 국내산입니다. 하지만 우리가 쌀만 먹고 사는 건 아니잖아요. 쌀을 빼고 계산을 하면 우리나라 식량 자급률은 5퍼센트까지 내려간대요. 미국, 독일, 프랑스 같은 나라들을 포함해 많은 나라들이 식량 자급률을 100퍼센트 선에서 유지하고 있어요. 그런데 우리는 쌀 빼고는 거의 모든 식량을 수입하고 있어요.

휴대폰의 경우는 다릅니다. 미국의 애플이나 중국의 샤오미가 추격해 오고 있는 상황이긴 하지만, 아직도 한국 휴대폰을 사용하는 사람이 가장 많아요. 2013년에 삼성전자가 만들어서 판매한 휴대폰이 약 4억 5천 만 대라고 합니다. 엄청나죠? 전 세계에서 휴대폰을 사용하는 사람 다섯 명 가운데 한 명은 우리나라 제품을 사용하고 있어요. 식량과 휴대폰의 차이가 진짜 크죠? 왜 이렇게 큰 차이가 나는 것 같아요?

•——

휴대폰을 만드는 것이 우리한테 이득이니까 그런 거 아닐까요?

•——

단순한 것이 답인 경우가 많아요. 맞아요. 우리 입장에서는 농사를 짓는 것보다는 휴대폰을 만드는 것이 더 돈이 돼요. 기업은 항상 이윤을 많이 내려고 합니다. 이윤을 많이 낸다는 것은, 적은 비용으로 생산해야 한다는 뜻이기도 해요. 외국 기업과 경쟁을 한다면, 외국 기업보다 좀 더 적은 비용으로 생산할 수 있는 물건을 만들어야 합니다.

우리나라 기업에게 밀농사를 지을 수 있는 기술과 휴대폰을 만들 수 있는 기술이 있다고 가정을 해 보죠. 우리나라 기업의 경쟁 상대는 미국의 밀 기업과 휴대폰 기업입니다. 밀부터 살펴봅시다.

미국은 우리나라보다 땅이 넓어요. 농사를 짓는 땅의 면적도 훨씬 크죠. 한국에서는 한 농가에서 3,500평 정도 넓이의 땅에서 농사를 짓는다면, 미국에서는 36만 평이래요. 36만 평이면 여의도의 절반 정도 혹은 용인 에버랜드 넓이예요. 그러니까 엄청나게 넓은 땅에 씨를 뿌리는 것부터 농약을 치는 것까지 비행기로 한 번에 합니다. 수확을 할 때도 엄청나게 큰 트랙터로 한꺼번에 많은 양을 거둬들이죠. 반면 우리나라는 미국보다 땅이 좁기 때문에 그렇게 농사를 지을 수가 없어요. 사람이 일일이 손으로 하는 것들이 많죠. 그래서 생산비가 세 배 이상 들어가요. 게임이 안 되는 거죠.

그런데 휴대폰은 다릅니다. 휴대폰 공장 부지는 비행기를 타고 다녀야 할 만큼 넓을 필요가 없어요. 그러니까 우리나라 휴대폰 공장이나 미국 휴대폰 공장이나 비슷한 크기로 지을 수 있습니다. 휴대폰 제조 기술도 비슷하고, 부품의 가격도 비슷해요. 인건비도 비슷하다고 가정하면, 두 나라에서 휴대폰을 만드는 데 들어가는 비용은 비슷합니다.

이런 조건이라면 우리나라 기업은 밀농사를 짓는 것보다는 휴대폰을 만들어 경쟁하는 쪽이 합리적이겠죠. 이걸 경제학에서는 비교우위론이라고 부릅니다. 말 그대로 이해를 하면 될 거예요. 비교해서 이득이 많은 쪽으로 선택하는 거죠. 국가 사이에 무역을 하는 이유는 자국에서 비교적 싼 비용으로 만들 수 있는 상품을 무역을 통해 거래하면 이득이 되기 때문입니다.

●— —

비교우위론에 따르면 미국만 유리한 거 아닌가요? 밀농사는 미국

끝도 없이 펼쳐진 미국 평원에서 밀을 추수하는 모습. 거대한 트랙터로 한 번에 어마어마한 양의 밀을 수확하는 모습은 우리나라 밀농사와 비교가 되지 않는다. 이러한 비교우위론에 따라 우리나라 식량 자급률은 점점 낮아지고 있다.

이 압도적으로 유리하고, 휴대폰은 비슷하잖아요.

비교우위론에 따르면 어떤 나라가 다른 나라에 비해 두 가지 모두를 더 잘 만든다 해도, 자국에서 두 상품을 모두 생산하는 것보다 무역을 하는 것이 더 유리하다고 해요. 이렇게 자기에게 좀 더 유리한 상품을 생산해 무역을 통해 거래하면 서로 이득이 되기 때문에 그 유리한 분야에 집중하는 것을 특화(特化, specialization)라고 합니다.

서로 이득이 된다구요?

네. 이 개념은 '무역을 왜 할까'라는 질문에 대한 답을 줍니다. 왜 무역을 할까요? 말도 서로 통하지 않는 외국 사람들과 복잡하고 어려운 절차를 거쳐서, 배나 비행기에 물건을 싣고 가서 장사를 하는 거잖아요. 우리나라에서 나지 않는 물건이라 꼭 사용해야 하는 거라면 이야기가 달라지겠지만요. 석유처럼요. 아무리 가져오는 과정이 힘들고, 복잡하고, 어려워도 석유는 꼭 사 와야 합니다. 그러니까 석유는 수입을 꼭 해올 필요, 즉 무역을 할 필요가 있어요. 하지만 밀은 다릅니다. 생산 원가가 좀 높기는 하지만, 농사를 지어서 먹을 수도 있어요. 그런데 굳이 어렵게 외국에서 사 오죠. 왜 그러는 걸까요?

효용이 높아지니까 그런 거 아닐까요?

맞아요. 경제학은 효용을 늘리는 것이 목표입니다. 상품 소비를 통해 사람들의 주관적인 만족도가 높아지는 것을 중요하게 생각하죠. 그러면 좀 더 효용이 높아질 수 있게 하는 것이 중요할 거예요. 미국산 밀이 한국산 밀에 비해 세 배가 싸다면, 운송비를 포함한다고 해도 한국산 밀보다 쌀 거예요. 한국 소비자들은 저렴한 미국산 밀을 먹으면 그만큼 다른 상품을 살 수 있는 여유가 늘어나요. 그러면 전체 효용이 증가하겠죠. 경제학의 중요한 목표가 달성되는 순간입니다.

휴대폰 회사
사장만 돈을 벌면
곤란하다

그런데 정말 비교우위론을 따르는 게 모두에게 이익이 되는 건가요? 미국산 밀이 싼 가격에 수입되면 한국에서 밀농사를 짓는 농부들은 피해를 보잖아요.

•——

이론은 깔끔하지만, 현실은 복잡합니다. 이익이 된다는 말은 조심해서 써야 할 겁니다. 대표적인 것이 국익(國益)입니다. '국가 이익'의 줄임말이죠. 예를 들어 '자유 무역은 국익에 도움이 된다'라고 말하는 사람이 있다면 의심해 볼 필요가 있어요. 경제학을 제대로 공부한 사람일까 하는 의심 말이죠.

우리는 앞에서 거시경제를 공부하면서 국민 경제라는 개념을 살펴보았습니다. 다시 한번 간단히 짚고 넘어가자면, '국민'들이 더 많은 소비를 해서 더 많은 효용이 생길 수 있게 하는 것이 중요하기 때문에 국민 경제라는 말을 쓰는 겁니다.

무역도 마찬가지예요. 무역을 해서 이익이 생긴다고 말하려면, 국민들의 효용이 증가하는 방식이 되어야 합니다. 그런데 저렴한 미국산 농산물이 수입되었을 때 한쪽에서는 효용이 증가하지만, 다른 한쪽에서는 효용이 감소할 수 있어요. 한국에서 밀농사를 짓는 사람들은 망할 수 있는 거죠. 전체적으로 늘어난 이익을 수학적으로 계산할 수는 있을 겁니다. 하지만 이것만 가지고 국익이 증가했다고는 말할 수 없죠. 소비자는 저렴한 가격에 밀을 사 먹을 수 있게 됐고 휴대폰 회사 사장은 수출로 돈을 많이 벌게 됐지만, 농사를 못 짓게 된 농부도 있어요. 이 농부는 한 가족의 가장일 겁니다. 학교에 다녀야 하는 아이들이 있을 테고, 당장에 돈이 들어갈 일이 많을 거예요. 하지만 국익이라는 이유 때문에 실업자가 되었습니다. 전체적으로 볼 때 이익은 났겠지만, 진짜 이익이라고 말할 수 없는 어려운 문제입니다.

●――

그러면 어떻게 해야 하죠?

●――

예를 들어 봅시다. A라는 나라에 갑, 을, 병이라는 세 사람이 있습니다. 이들은 각각 한 달에 100씩 소득을 올렸습니다. 이들의 소득을 모두 더하니 300이 되었네요. A나라의 총소득은 300이라고 할 수 있습니다. B나라에도 갑, 을, 병이라는 세 사람이 있습니다. 그런데 한 달 동안 벌어들인 갑의 소득은 270, 을의 소득은 20, 병의 소득은 10이에요. 모두 더하니 300으로 A나라와 같습니다. 그럼 A나라와 B나라가 같다고 할 수 있을까요? 복잡하게 생각할 필요 없이 아무래도 A가 B보다 낫다는 생각이 드네요. 경제학적으로도 살펴볼까요?

A나라와 B나라 모두 한 달 식비가 10이라고 하면, 두 나라 사람들 모두 굶지는 않아요. 그런데 B나라의 경우 병은 밥을 먹고 나면 다른 소비를 할 수 없겠죠? 그리고 소비를 하지 않으면 효용이 늘지 않아요. B나라의 갑은 매우 큰 소득을 올리고 있어요. 식비 같은 최소한의 지출을 하고 나서도 돈이 많이 남아요. 하지만 자기가 번 돈을 모두 소비하지 않을 가능성이 높아요. 소비를 하지 않으면 전체 효용이 낮아지죠. 그런데 A나라 사람들은 모두 식비 이외에도 다른 데 돈을 쓸 수 있는 여유가 있어요. 소비가 늘어나면 효용이 증가할 수 있으니, 경제학적으로 볼 때도 A나라가 좀 더 나은 나라라고 할 수 있겠네요.

무역도 이런 원리에서 벗어날 수 없습니다. 비교우위론에 따라 휴대폰을 만들고 밀농사를 짓지 않는 것이 낫다고 해도, 휴대폰 회사 사장만 돈을 많이 버는 것은 곤란해요. 그리고 많은 사람들이 이런 문제를 놓고 치열하게 토론을 합니다.

●――

FTA 찬반 토론 같은 건가요?

●――

그렇죠. 비교우위론의 원리를 현실에 적용한 방식 가운데 하나가 FTA

예요. Free Trade Agreement의 줄임말이니까, 우리말로 번역하면 자유무역협정이 됩니다. 두 나라 사이의 자유로운 무역을 방해하는 것들을 없애는 것이 FTA의 주요 목표예요. 예를 들어 수입하는 상품에 관세를 매기거나, 수출하는 상품에 보조금을 주는 일들을 하지 말자는 거죠. 서비스, 자본, 노동의 이동을 규제하지 말자는 내용도 포함되어 있구요. 이렇게 하면 비교우위론에 따라 무역 활동이 자유롭게 일어나고, 전체적으로 효용이 증가한다는 것이 FTA가 말하는 효과입니다.

그런데 문제는 휴대폰 회사 사장은 돈을 많이 벌고 밀농사를 짓는 농부는 망한다는 겁니다. 비교우위론에 따른 자유무역을 강조하는 경우, FTA를 찬성하고 돈을 많이 벌게 된 휴대폰 회사가 규모가 커질 테니 실업자가 된 농부가 휴대폰 회사로 직장을 옮기면 된다고 주장합니다. 미국은 반대겠죠? 휴대폰 공장에 다니던 사람이 이제 밀농사를 지으러 가면 됩니다. 그런데 이게 이론적으로는 쉬운데, 실제로는 굉장히 어려운 문제예요. 어제까지 농사를 짓던 사람이 어떻게 오늘부터 휴대폰을 만들겠어요. 마찬가지로 어제까지 공장에서 휴대폰을 만들던 사람이 어떻게 오늘부터 트랙터를 몰겠습니까. 사실상 그렇게 옮겨가기 힘들기 때문에 자유무역을 하게 되면 이득을 보는 사람과 손해를 보는 사람이 꽤 정확하게 구분됩니다.

그리고 전 세계적으로 흉년이 든 해에, 밀농사도 작황이 좋지 않았어요. 그런데 우리는 자유무역에 충실하겠다고 밀농사를 전혀 짓지 않고 있었습니다. 100퍼센트 수입을 한 거죠. 문제는 미국이 자기 나라

197

사람들 먹을 밀도 부족하다고 우리나라에 밀을 팔지 않겠다고 하는 겁니다. 그래도 굶어 죽을 수는 없으니, 엄청 비싼 값을 치르고 밀을 사옵니다. 그나마 사 올 수 있으면 다행이에요. 돈을 줘도 못 사 올 수도 있잖아요. 내년에 풍년이 들 때까지 먹을거리가 없다면 어떻게 될까요? 식량 안보에 위협을 받겠죠. 선진국들 대부분이 식량 자급률을 100퍼센트 이상 유지하고 있다고 했습니다. 비교우위론에 따른다면 그렇게 할 필요가 없을 거예요. 수입해서 먹는 것이 더 싸니까요. 하지만 경제학 이론만으로는 설명할 수 없는 일들이 현실에서는 벌어져요. 그래서 많은 나라들이 생산 원가가 높더라도 농사를 지어서 식량을 100퍼센트 자급하려고 노력하는 겁니다.

우리나라도 식량 자급률을 높이기 위한 일들을 하고는 있습니다. 답리작(畓裏作)이라고 해서 논에 벼를 심어 수확한 다음, 다른 농작물을 바로 심는 농법을 권장하기도 하고, 청보리 같은 사료 작물을 식량 자원으로 전환할 수 있는 방법들을 개발하고 있습니다. 좀 더 적극적으로 대안을 만들어야 할 거라고 생각합니다. 그래야 우리가 우려하는 일이 일어나도 대처가 가능할 거예요.

자유무역
vs. 보호무역

자유무역이 자칫하면 위험할 수도 있겠네요.

●──

위험할 수 있다는 가정이 중요하다고 보고 반대를 하는 거죠. 자유무역을 반대하는 데는 다른 이유들도 있어요. 비교우위론에 따른 자유무역은 현재의 상황을 기준으로 합니다. 하지만 우리는 미래를 준비하고 계획해야 하잖아요. 비교우위론에 따르면 미래를 준비하는 데 문제가 생길 수 있어요. 예를 들어 설명해 봅시다.

한국은 휴대폰 제조 기술이 발달했는데, 전기 자동차는 잘 만들지 못해요. 미국은 휴대폰을 싸고 튼튼하게 만드는 기술이 발달하지는 못했지만, 전기 자동차를 잘 만들어요. 실제로 미국의 테슬라라는 자동차 회사는 한 번 충전하면 400킬로미터 이상 달릴 수 있고, 최고 속도

시속 200킬로미터가 넘는 전기 자동차를 만듭니다. 이런 상황에서 비교우위론을 적용하면 한국은 휴대폰을 만들어야 하고, 미국은 전기 자동차를 만드는 것이 낫겠죠. 그런데 만약 이렇게 되면 한국은 영원히 전기 자동차 생산 기술을 보유할 수 없게 됩니다. 그런데 미래에는 많은 사람들이 전기 자동자를 타고 다녀서, 전기 자동차 사업이 엄청나게 번창할 수도 있어요. 이런 상황을 예측하고 아직 기술이 부족하지만 일단 전기 자동차를 만드는 회사가 그때까지 존재할 수 있도록 도와주면 좋겠죠. 그런데 비교우위론에 따르면 우리는 전기 자동차를 만들면 안 돼요. 이런 인식 때문에 전기 자동차를 잘 만들 수 있는 가능성이 있다고 해도, 거기에 도전하기가 어려워지는 겁니다. 그리고 잘못하면 앞으로 우리는 전기 자동차를 수입할 수밖에 없을 겁니다.

●──

　　그러면 국내 산업이 발전하도록 보호무역을 해야 하는 걸까요?

●──

적절한 보호무역은 필요합니다. 그중에서도 유치산업을 보호할 필요가 있습니다. 유치산업은 영어로 infant industry예요. infant는 '어린아이'라는 뜻이죠? 유치산업의 유치는 유치원의 유치를 말합니다. 아직 충분히 성숙하지 못한 산업은 잘 성장할 수 있도록 도와줄 필요가 있는데, 비교우위론에 따른 자유무역을 하면 그렇게 할 수가 없습니다. 재미있는 것은 지금 자유무역을 주장하는 선진국들도 처음에는 대부분 자국 산업을 키울 때까지 보호무역을 했다는 거예요. 대표적인 국가가 미국과 독일이죠.

산업혁명이 가장 먼저 일어난 나라가 영국입니다. 한동안 영국에서 만든 상품이 전 세계 시장으로 불티나게 팔려 나갔죠. 독일과 미국도 산업화를 서둘렀어요. 그런데 영국은 다른 나라들에 자유무역을 요구했어요. 영국에서 만든 공산품을 저렴한 가격에 수입하고, 대신 독일과 미국에서는 농산물과 원자재를 수출하라고 했어요. 그런데 독일이 반대를 했어요. 독일도 영국처럼 공산품 제조 기술과 노하우를 얻을 때까지 보호무역을 하겠다고 했죠. 유치산업 보호론은 독일의 경제학자들이 만든 이론이에요. 미국도 여기에 동참했습니다. 그리고 그렇게 자국의 유치산업을 보호한 결과, 현재 미국과 독일은 영국을 제치고 세계적인 공업 국가가 되었어요.

독일의 폭스바겐이라는 차를 아나요? 히틀러가 자동차 설계자 포르셰 박사에게 요청해 만든 차가 바로 폭스바겐이에요. 폭스바겐은 국민 자동차란 뜻이구요. 딱정벌레 같은 우스꽝스런 모양 때문에 질타를 받기도 했지만 독일 자동차 산업을 육성하는 데 큰 기여를 했다고 해요. 독일 국민들은 폭스바겐을 되살려 세계로 내보내는 길만이 독일을 구할 수 있다고 생각해 패전 이후 주린 배를 움켜쥐고 폭스바겐을 생산해 냈다고 해요. 결국 폭스바겐은 세계적으로 팔리는 자동차가 되었고 독일을 빚더미에서 구해 내는 데 일조를 했어요.

•– –

그럼, 우리나라는 공업화 당시 어떤 식으로 무역을 했나요?

폭스바겐 모형을 보고 있는 히틀러. 공업화에 박차를 가했던 독일의 모습을 보여 준다.

영국에서 산업혁명이 일어났던 때가 18세기 말, 19세기 초 정도입니다. 1700년대 후반, 1800년대 초반이죠. 우리는 1960년대 후반이 되어서야 공업화에 힘을 쏟기 시작했습니다. 아무리 짧게 봐도 150년 이상 차이가 나는 셈이죠. 사실상 우리가 공업화를 시작했을 때는 경쟁력 있는 상품을 하나도 만들 수가 없었어요. 그래서 당시 정부는 강력하게 수입을 규제했습니다. 관세를 높게 매겨, 수입을 하더라도 국민들이 너무 비싸서 살 수 없게 한 거죠. 그 당시 학교에 누군가 미국 장난감을 들고 오면 그걸 구경하느라 난리가 났어요. 어떤 물건들은 아에 수입 자체가 금지되어 있었구요. 당시 정부는 이런 식으로 우리나라 공업 부분을 보호해 주었습니다. 그리고 그렇게 보호를 받는 동안 기업들이 기술과 노하우를 많이 확보했어요. 그 덕분에 지금 한국은 세계적인 공산품을 만들 수 있는 나라가 되었습니다. 전기, 전자, 자동차, 철강, 조선 등 우리나라가 우위를 점하고 있는 모든 분야가 다 이렇게 성장했어요. 사실 우리나라는 비교우위론과 자유무역이 아닌 유치산업 보호론과 보호무역으로 발전할 수 있었습니다.

●——

그러면 보호무역을 꼭 해야 할 것 같은데요?

●——

이론은 깔끔하지만, 현실은 복잡하다고 했죠? 보호무역을 하면 모든 나라가 공업 국가로 발전할 수 있을까요? 한국이 공업화를 시작했던 1960년대로 다시 돌아가 보겠습니다. 우리가 일제 강점기를 마치고 독립을 한 것이 1945년이에요. 그런데 우리나라만 식민지였던 것이 아니에요. 전 세계에 200여 개의 나라가 있다면 120개 나라가 식민지였습니다. 한국과 비슷한 처지에 있는 나라들이 매우 많았다는 뜻이죠. 심지어 한국은 일제로부터 독립을 하자마자 한국전쟁을 겪었어요. 한국전쟁은 2차대전 동안 개발된 최신 무기들을 선보인 처참한 전쟁이었어요. 전쟁이 끝나고 어느 정도 수습이 된 1960년대 한국은 전 세계에서 가장 가난한 나라였습니다.

가장 가난한 나라였던 한국을 비롯해 식민지를 거치면서 피해를 보았던 그 120개 나라들은 당연히 보호무역을 펼쳤겠죠? 그런데 50년 정도 지나고 나서 상황을 보니 거의 유일하게 한국만 보호무역의 성과를 보았고, 나머지 나라들은 별로 발전이 없었습니다. 예를 들어 1960년대 필리핀은 한국 사람들이 가장 유학을 가고 싶어 했던 나라 가운데 하나였어요. 그런데 지금은 그렇지 못합니다. 필리핀이 그동안 자유무역을 한 것도 아니에요. 도대체 왜 이런 일이 일어난 걸까요?

한국과 비슷한 처지에서, 혹은 더 나은 처지에 있던 나라들 가운데 보호무역을 통해 공업국으로 성공한 사례는 거의 없습니다. 한국, 싱가포르, 홍콩, 대만 정도를 꼽을 수 있는데, 싱가포르나 홍콩은 아주 작은 도시예요. 말레이시아, 태국, 브라질, 칠레 등에서 성공한 사례가 보이기는 하지만, 한국처럼 성공적이지는 못했어요. 그러니까 보호무역을 한다고 꼭 발전하는 것은 아니라는 얘기죠. 실제로 보호무역을 통해 성공적인 공업국으로 발전한 사례는 독일, 미국, 일본 그리고 최근의 한국 정도 말고는 없습니다.

•——

그러면 보호무역을 했을 때 뭔가 부작용이 있으니까 이런 현상이 나타나는 거겠네요?

•——

맞아요. 보호무역이니까 누군가를 보호하는 거겠죠? 정확하게 말하면 관세를 매기고, 보조금을 주면서 자기 나라 산업을 보호하는 것입니다. 수입 상품에 관세가 매겨지고, 보조금을 받으면 기업 입장에서는

외국 기업들과 경쟁하기가 매우 쉬워져요. 수입 상품의 값이 올라가면서 사람들이 상대적으로 싼 국내 기업 제품을 찾게 되니까요. 그러면서 동시에 이 기업들이 노력을 하지 않는 상황이 발생합니다. 정부가 외국 기업과의 경쟁에서 이길 수 있도록 보호를 해 주니, 더 나은 기술을 개발해 더 저렴한 가격에, 더 좋은 물건을, 더 많이 만들 필요가 없는 거예요. 게다가 보호를 받고 있으니 이 기업들은 자국에서 돈을 많이 벌어요. 그렇게 벌어들인 돈을 가지고 정부에 로비를 하는 경우들이 생깁니다. 좀 더 강력하게 보호무역 정책을 써 달라고 로비를 하는 거죠.

●――

> 그러면 자유무역을 해야 하는 건가요, 보호무역을 해야 하는 건가요? 판단이 잘 안 서요.

●――

그렇죠. 복잡한 문제입니다. 어떤 상황에서는 유치산업을 보호하는 보호무역을 해야 하지만, 어떤 상황에서는 비교우위론에 따른 자유무역을 하는 것이 맞을 수도 있어요. 처음에는 보호무역을 하다가 경쟁할 수 있게 자유무역으로 넘어갈 수도 있구요. 중요한 것은 수학 공식처럼 정해진 답이 있는 게 아니라, 각각의 경제적 상황에서 가장 잘 맞는 답을 선택하면 되는 겁니다. 물론 요즘에는 자유무역으로 가자는 주장이 좀 더 많은 지지를 받고 있기는 합니다.

FTA로
싼값에 물건을
사게 됐을까?

FTA에 반대하는 사람들이 많다고는 하지만, 우리나라는 FTA를 많이 맺는 것 같아요. 미국, EU, 중국하고도 FTA를 체결한다는 기사를 봤어요.

경제학은 큰 흐름에서는 자유무역을 선호해요. 최근의 경향도 그렇고요. 한국 입장에서도 자유무역을 주장하는 것이 유리한 게 사실입니다. 이제 우리에게 좋은 상품을 만들 수 있는 능력이 있기 때문이죠. FTA 체결에는 우리 스스로를 새로운 경쟁 속으로 넣기 위한 의도도 있어요. 방금 전에 보호무역은 경쟁을 피하는 측면이 있다고 했죠? 자유무역을 선호하는 사람들은 서비스, 자본, 노동 부분에서 새로운 능력을 키우려면 경쟁을 해야 한다고 주장해요. 물론 자유무역의 부작용 때문에 반대를 하는 사람들이 있지만, 어쨌건 대세는 FTA 쪽으로 가고 있어요. 우리는 지금 경제학을 공부하고 있는 상황이니까, FTA 찬반에 대한 이야기보다는 FTA의 정체에 대해 좀 더 자세히 살펴보기로 하죠.

경제학은 큰 흐름에서는 자유무역을 선호한다고 했습니다. 전체적으로 효용이 증가할 수 있는 방법이기 때문이죠. 그런데 많은 국가들은 기본적으로 보호무역을 하고 있었어요. 대부분의 국가들이 관세 제도를 시행하고 있죠. 자국의 산업을 보호하기 위해 보조금과 지원 제도도 마련하고 있구요. 이런 것들이 자유무역을 방해하는 요소입니다. 그래서 이런 방해 요소를 없애기 위해 정부들이 모여서 회의를 합니다. 어려운 말로 '다자간 협상'이라고 해요. 이런 회의는 보통 커다란 둥근 테이블에 각 나라의 대표들이 앉아서 하기 때문에 라운드(round)라고 불러요. 남아메리카 우루과이에서 1986년부터 1993년까지 열린 협상 테이블을 '우루과이 라운드'라고 부릅니다. 이 회의를 통해 세계무역기구라고 부르는 WTO(World Trade Organization)를 만들었죠.

그런데 이런 다자간 협상에는 문제가 있어요. 회의에 참여하는 사람들이 너무 많은 거죠. 모든 국가 간 자유무역을 논의하는 자리이니, 모든 나라의 대표들이 모이겠죠? 200개 나라 대표들이 한마디씩만 해도 200번의 발언을 들어야 해요. 진도가 안 나가겠죠. 그래서 모든 국가들의 대표가 모이는 방식이 아닌, 딱 두 나라 대표들이 만나서 서로 협상하는 방식을 선호하게 됩니다. 이런 것을 '양자 간 협상'이라고 하는데, FTA가 대표적인 양자 간 협상이에요.

우리나라는 FTA를 매우 적극적으로 맺고 있어요. 2003년 2월 칠레를 시작으로, 2005년 싱가포르와 EFTA(스위스, 노르웨이, 아이슬란드, 리히텐슈타인), 아세안(말레이시아, 싱가포르, 베트남, 미얀마, 인도네시아, 필리핀, 브루나이, 라오스, 캄보디아, 태국), 2007년 미국, 2009년 인도, 2010년 EU, 2011년 페루, 2012년 터키, 2014년 호주와 캐나다까지 FTA를 맺었고 발효까지 되었습니다. 발효는 협약의 효과가 발생하고 있다는 뜻입니다. 콜롬비아, 뉴질랜드, 베트남, 중국과는 FTA를 체결하기는 했는데, 아직 실제 협약의 효력이 발생하고 있지는 않아요. 이외에도 꽤 많은 나라들과 협상을 하고 있어요.

●――

　생각보다 엄청 많네요. 그런데 너무 많이 하는 것은 아닌가요? 몇
　년 사이에 확확 진행되는 것 같아요.

●――

그렇죠. 엄청 많이 추진되고 있어요. 우리나라의 FTA는 꽤 전략적으로 추진되고 있습니다. 우리가 맨 처음 FTA를 체결한 나라는 칠레예요. 칠레는 경제 규모가 아주 큰 나라는 아니에요. 규모가 너무 큰 나라와 체결을 하면 위험 부담이 크니까 작은 나라와 먼저 해 보고, 점차 덩치가 큰 나라들과 FTA를 체결하자는 의도가 있었습니다.

　그런데 칠레와 FTA를 맺을 때 반대가 심했어요. 칠레는 포도로 유명한데, 우리나라 포도 농가들이 큰 피해를 볼 거라는 우려가 있었거든요. 실제로 칠레와 FTA를 체결하고 나서 포도 농가들이 피해를 보았다

고 합니다. 미국과 FTA를 체결할 때도 반대가 심했어요. 한국에서 만든 자동차를 수출하는 데는 도움이 되지만, 반대로 광우병이 의심되는 미국산 쇠고기가 수입될 수 있다는 우려 때문이었죠. 어떤 FTA가 되었건 반대의 목소리는 큽니다. 피해를 보는 사람들이 매우 구체적으로 드러나기 때문이죠. 그래서 FTA를 체결해야 한다면 피해를 보는 사람들에 대한 대책을 구체적으로 마련하는 것이 필요합니다. 그게 공정한 거죠.

●——

    그런데 FTA는 우리에게 실제로 유익한 점이 있나요?

●——

평가는 서로 달라요. FTA를 찬성하는 사람과 반대하는 사람의 주장이 서로 다르죠. 여러분들의 일상에서는 FTA 때문에 어떤 변화가 있나요? 실제로 물건을 더 싸게 살 수 있게 되었나요?

●——

    모르겠어요.

●——

하하하. 바로 정답을 맞혔네요. FTA의 효과를 정확하게 측정하기는 어려워요. 그나마 FTA에 대한 구체적인 반응은 소비자들에게서 찾을 수 있어요. 어떤 산업이 성장하고 어떤 산업이 쇠락했는지를 측정하는 것은 측정 기간, 측정 방법 등 복잡한 기준이 필요하지만 시장에서 물건을 사 보면 어느 정도 느낌이 오니까요.

우리는 EU와도 FTA를 체결했어요. 그러면 유럽산 고급 화장품을 이전보다 싼 가격에 살 수 있어야 합니다. 이론적으로는 그렇죠. 자유무역 덕에 관세가 낮아졌으니, 당연히 판매 가격도 낮아져야 합니다. 그런데 이상하게 화장품 가격은 그대로예요. 이런 경우가 제법 있어요. 우리는 칠레와 처음으로 FTA를 체결했어요. 2003년이니까 10년도 훨씬 더 지난 일이죠. 칠레는 포도 농사를 많이 지어요. 덕분에 와인도 저렴하죠. 그러면 FTA 이후에는 칠레산 와인 가격이 내려가는 게 정상입니다. 그러라고 FTA를 한 거니까요. 그런데 가격이 안 내려가는 거예요.

FTA를 찬성하고 말고의 문제가 아니라, 기본적인 효과도 없다는 말씀인가요?

유럽산 고급 화장품과 칠레산 와인은 FTA 이후 수입 가격이 분명 낮아졌어요. 관세가 없어진 게 확실하니까요. 그런데 시장에서 판매하는 가격은 똑같아요. 관세만큼의 이윤을 붙여서 팔고 있는 것이죠. 그 이윤은 판매업자가 고스란히 가져가고, 소비자들에게는 혜택이 돌아가지 않습니다.

이건 FTA나 자유무역, 비교우위와 관계가 없는 '독점' 때문에 발생합니다. 유럽산 고급 화장품이나 칠레산 와인의 수입업자가 독점 수입권을 가지고 있다고 생각해 보죠. 그 사람들은 그동안 관세까지 물고 비싼 가격에 상품을 들여왔어요. 그런데 관세가 없어진 거예요. 그러면 소비자는 당연히 없어진 관세만큼 낮아진 가격에 판매를 할 거라고 생각하지만 사실상 그럴 필요가 없어요. 어차피 한국에서 이 물건을 파는 사람은 자기 말고는 없는 거예요. 경쟁을 할 필요가 없는 거죠. 게다가 사람들이 높은 가격에도 잘 사던 물건들이에요. 그러니까 굳이 물건을 싸게 내놓을 필요가 없는 거죠. 낮아진 관세만큼 늘어난 이윤은, 수입업자가 고스란히 가져갑니다. 물론 수입 자동차처럼 실제로 가격이 낮아지는 사례도 있습니다.

이런 문제들은 FTA 자체나, 자유무역과는 별개의 문제예요. 이런 것들이 FTA와 자유무역에 찬성할 것이냐 반대할 것이냐의 핵심 주제가 될 수는 없는 겁니다. 물론 그렇다고 중요하지 않다는 건 아니에요. 엄청난 찬반 토론과 사회적 갈등을 거치면서 FTA를 했는데, 실제 이득을 보는 사람은 전혀 다른 사람이라면 문제가 심각한 겁니다. 시장을 개방할 것이냐 말 것이냐 하는 큰 논의도 중요하지만, 이런 세심한 부분에 신경을 쓰는 것도 매우 중요합니다. 그래야만 어떤 정책을 펼치든, 원했던 효과가 많은 사람들에게 돌아갈 수 있으니까요.

국가도
부도가 날 수 있다

복잡하네요. 그래도 국제 무역은 점차 자유화가 되고 있는 거죠?
아까 WTO라는 기구도 잠깐 말씀하셨는데, 그런 국제기구들은 무
역을 좀 더 자유롭게 하려고 만든 건가요?

무역이 좀 더 자유롭게, 활발하게 이루어져야 한다는 점에서는 많은 사
람들이 공감을 한다고 보면 됩니다. 다만 그렇게 발생하는 무역의 혜
택을 '어떻게 나눌지'에 대한 부분에서 토론이 필요한 거죠. 선진국과
일부 대기업에만 이득이 돌아가는 방식이라면, 자유무역을 해야 한다
는 의견이 힘을 받기는 어렵겠죠.

방금 이야기한 WTO는, WTO에 가입한 회원국들 사이의 무역 관계
를 감독하는 국제기구예요. 2015년 4월 기준으로 161개 나라가 회원국

으로 가입해 있습니다. 우리나라처럼 무역 의존율이 높은 나라들에게 WTO는 강력한 기구죠. 하지만 이보다 우리에게 더 강력한 영향을 주었던 국제기구가 있어요.

●——

　　혹시 IMF인가요? IMF 위기라는 이야기를 들었던 것 같아요.

●——

맞습니다. 여러분은 고등학생이니까, IMF 사태가 터졌을 즈음에 태어났겠군요. 1997년에 IMF 위기(외환 위기), 정확하게는 IMF 구제금융 요청 사태가 발생했습니다. IMF는 International Monetary Fund의 줄임말이에요. 국제통화기금이라고 하죠. 188개 국가가 회원국으로 있으니 국가의 모습을 갖춘 웬만한 나라들은 모두 가입했다고 볼 수 있습니다. 이곳에서는 여러 가지 사업을 하지만 그중 가장 중요한 것은 회원국이 신청했을 때 구제금융을 지원해 주는 거예요.

●——

　　구제금융이 뭔가요?

●——

우리나라가 1997년에 IMF로부터 받은 것이 긴급 구제금융이에요. 말이 어렵지만 원리는 아주 간단해요. 우리나라는 무역을 많이 하죠? 무역을 하려면 국제적으로 통용되는 화폐가 있어야 합니다. 요즘에는 EU의 유로화를 많이 사용하지만, 1997년 당시에는 유로화가 없었습니다. 지금도 국제적으로 많이 사용되는 미국 달러가 당시 가장 많이 쓰던 국제 통화였죠.

무역을 하려면 달러가 필요해요. 우리나라는 외국에서 원자재를 수입해서 상품을 만들고 다시 외국에 팔잖아요. 달러를 주고 원자재를 사 오고 만든 물건을 달러를 받고 팔지요. 이뿐만이 아니에요. 새로운 기술을 개발하거나 공장을 지으려면 돈이 엄청나게 많이 필요합니다. 그런데 우리나라 은행에는 그렇게 큰돈이 없어요. 우리가 저축하는 것만 가지고는 턱없이 부족하죠. 그래서 외국에서 달러를 빌려옵니다. 이렇게 빌려온 달러를 가지고 기술 개발 비용으로도 쓰고, 원자재도 사고, 공장도 짓습니다. 그리고 상품을 만들어 외국에 팔고 다시 달러를 대금으로 받아 와서 갚는 거죠.

이렇게만 보면 문제가 없는데, 현실적으로는 어려움이 많아요. 기술 개발, 원자재 구매, 공장 건축을 하다 보면 한꺼번에 큰돈이 나갑니다. 반대로 상품을 외국에 판매해서 그 돈을 회수하는 데는 시간이 오래 걸리고 쉬운 일이 아니에요. 그래서 보통 장기간에 걸쳐 돈을 빌리고, 돈을 갚아야 할 때 대출 기간을 연장하고는 합니다. 우리나라는 외국에서 달러를 빌려 오면 일단 지출을 하고, 돈을 갚으라고 하는 경우를 대비해 약간의 달러를 한국은행에 보관해 둡니다. 이걸 '외환 보유고'라고 해요.

●---

우리나라 외환 보유고가 몇 천 억 달러라는 뉴스를 본 것 같아요.

●---

2015년 초 우리나라 외환 보유고는 3천 억 달러가 넘어요. 꽤 많은 달러를 가지고 있는 셈이죠. 그런데 1997년에는 그렇지 못했어요. 1997년 태국, 홍콩, 말레이시아 같은 동남아시아 국가들에 경제 위기가 일어났습니다. 그런데 우리나라가 이 나라들에 달러를 빌려주고 있었어요. 우리나라는 경제가 튼튼하고 급속도로 성장을 하니까 비교적 싼 이자에 외국에서 달러를 빌려올 수 있었습니다. 그런데 이렇게 빌려온 달러를 다시 높은 이자를 받고 동남아시아에 빌려준 거죠. 한마디로 이자 놀음을 한 거예요. 그런데 동남아시아에서 경제 위기가 일어나자 우리나라가 그 나라들에 빌려준 달러를 돌려받기 어렵게 되었습니다. 그러자 동남아시아의 경제 위기가 한국으로 번질 거라고 판단한 외국 투자 기관들이 한국에게 달러를 돌려달라고 일제히 요구했습니다. 당시 한국에서는 재벌 그룹들이 연이어 무너졌어요. 정부에 로비를 해서 불법으로 대출을 받고 부실하게 사업을 키웠던 정황들이 드러나기 시작했거든요. 재벌 그룹들이 연쇄적으로 망하자 한국의 경제 상황이 외국 신문에 보도되었고, 불안해진 외국 투자 기관들이 한국에 빌려준 달러를 돌려달라고 더 강하게 요구했습니다.

●——

외환 보유고가 있으니까 그걸 쓰면 안 되나요?

●——

맞아요. 외환 보유고가 있죠. 하지만 일이 터지려고 하면 모든 부분에서 꼬이기 마련입니다. 분명 이럴 때를 대비해 한국은행에 충분한 외

IMF 사태 때 우리나라를 좌지우지했던 달러. 유로화나 위안화의 기세가 높긴 하지만 여전히 달러는 세계의 화폐로 통한다.

환 보유고가 있어야 했는데, 때마침 보유하고 있는 달러가 별로 없었어요. 1997년 전까지 경기가 나쁘지 않다고 판단한 우리 정부가 외환 보유고를 낮춘 거죠. 동남아 쪽에 경제위기설이 돌면서 한국에 투자한 돈을 회수할 수 없다고 생각한 외국 투자자들이 한국에서 돈을 빼 가기 시작했어요. 갑자기 외국 투자자들이 한국 돈을 들고 와서 달러로 바꿔간다는 것은, 외환 시장에서 한국 돈을 원하는 사람이 적어진다는 뜻입니다. 한국 돈을 원하는 사람이 적어지면, 달러를 기준으로 했을 때 한국 돈의 가치가 떨어지는 거예요. 전에는 800원을 내면 1달러를 구할 수 있었지만, 900원을 준다고 해도 1달러를 안 주는 거죠. 한국 돈의 가치가 떨어지면서 한국 돈을 가지고 있어 봐야 손해라고 생각하니까,

외국 투자자들이 돈을 빼 가는 일이 벌어진 겁니다.

상황이 이렇게 되니 정부 입장에서는 환율을 조정해야 했어요. 1997년 초까지 1달러에 800원 정도였던 환율이 1997년 9월에 900원대로 올라가더니, 11월에는 1,000원을 넘었어요. 12월 말에 가서는 2,000원에 도달했습니다. 이게 무슨 이야기냐 하면 우리가 1997년 초에 1억 달러를 800억 원을 주고 빌려 왔다면, 그해 말에 2천 억 원을 주고 갚아야 한다는 뜻이에요. 외국 사람들이 보기에 한국 경제에 안 좋은 일들만 생겨나니, 한국에 투자한 돈을 손해 보기 전에 빨리 찾아야 한다는 불안감이 몰려왔습니다. 외국 투자자들이 원화를 가지고 와서 달러로 바꾸어 가면, 한국 정부가 한국은행에 외환 보유고로 있던 달러를 가지고 다시 그 원화를 구입합니다. 이렇게 하면 당장은 환율을 내릴 수 있어요. 결국 외국 투자자들이 달러로 빚을 갚으라고 하는데 갚을 달러가 없는 상황까지 갔어요. 국가가 부도 위기까지 간 거예요.

●--

부도가 나면 망하는 거 아닌가요? 그럼 우리나라가 망했었어요?

●--

나라가 망할 위기에 처했다는 말이 맞을 거예요. 달러를 갚지 못하니, 국가의 신용도가 낮아졌어요. 한국은 수입과 수출이 중요한, 무역 의존도가 높은 나라인데 신용도가 낮아지니 거래가 안 되는 거예요. 거래가 안 되니 멀쩡한 기업들도 문을 닫기 시작했습니다. 그래서 결국 IMF에 손을 내밀 수밖에 없었죠.

IMF는 회원국이 경제 위기에 처했을 때 긴급 구제금융을 지원한다고 했어요. 일종의 보험인 셈이죠. 우리나라를 비롯한 여러 나라들이 IMF에 출자를 합니다. 그러니까 일종의 회비를 내는 셈이죠. IMF는 그렇게 회원국들이 낸 출자금으로 운영을 하는데, 위기에 처한 회원국이 생기면 긴급 자금을 지원합니다. 우리가 그때 지원받은 금액이 195억 달러예요. 1997년에 이런 위기가 진행되는 동안 한국이 생산해 낸 가치(명목 GDP)를 계산해 봤더니 5천 100억 달러 정도였다고 해요. 그런데 195억 달러가 없어서 국가 부도 사태 직전까지 갔던 거죠.

> 그런데 그렇게 구제금융을 받아서 문제가 해결된 거 아닌가요? 달러가 잠깐 없었던 것이고, 급하게 빌렸으니 이자는 많이 냈겠지만 기본적으로 경제력이 있는데 큰 문제는 없는 거잖아요. GDP가 5천 100억 달러나 되는 나라인데 195억 달러 빌린 것이 큰 문제될 것 같지는 않은데요?

IMF에서 구제금융을 받았다는 것은 생각보다 심각한 일이에요. 금액이 얼마가 되었건 한 국가가 돈 갚을 능력이 없다는 걸 국제적으로 인정한 거거든요. 국가 신용도가 급격하게 낮아지고, 신용도가 낮아지면 무역을 할 때도 손해가 커요. 외환을 빌릴 때 이자도 많이 내야 하구요. 골치 아픈 일들이 많죠. 하지만 제일 심각한 문제는 IMF로부터 돈을 빌리는 대가로 IMF가 요구하는 것을 들어줘야 한다는 것입니다. 한국의 경제 정책, 금융 정책을 IMF의 말에 따라 결정해야 하는 상황이 되는 거죠. '한국 정부는 부도를 낸 능력이 없는 정부이니 IMF가 어떻게 해야 할지 자세히 알려주겠다. 그 말을 듣기 싫으면 달러를 빌려줄 수 없다.'

●——

협박 같은데요. 그건 좀 너무하잖아요.

●——

우리 입장에서는 그렇죠. 작은 실수로 이런 일이 발생했다고도 볼 수 있으니까요. 하지만 IMF 입장에서는 회원국들이 열심히 일해서 낸 출자금으로 운영을 하는 거니까, 함부로 쓸 수는 없겠죠. 그리고 강대국의 이권이 걸린, 설명하기 복잡한 문제들이 많이 얽혀 있었어요.

IMF가 요구하는 조건들이 항상 좋은 결과를 낳는 것은 아니에요. 우리가 외환 위기를 맞았던 큰 원인은 투자를 과하게 했기 때문입니다. 장기 투자를 과하게 하다 보니, 기술 개발과 공장을 짓는 데 묻어 놓은 돈이 엄청 많았어요. 게다가 당장 갚을 달러가 없었고 이런저런 나쁜 상황과 정책적 실수들이 한꺼번에 몰렸어요. 하지만 투자를 많이 하는 게 나쁜 것은 아니잖아요.

IMF는 우리가 투자를 많이 한 것이 이 사태의 직접적인 원인이라고 분석했어요. 그래서 수익을 빠르게 내는 방식의 경제 정책을 내놨죠. 장기 투자를 줄이는 방식이었는데, 사실 장기 투자를 하지 않으면 안되는 거잖아요. 단기 투자만 하면 우리만의 기술을 확보하기가 어려워

IMF 사태 당시 금모으기 운동에 동참한 사람들의 모습. 금모으기 운동은 1997년 IMF 구제금융 요청 당시 대한민국의 외환 보유고를 높이기 위해, 국민들이 소유하고 있던 금을 나라에 헐값에 내놓은 운동이다. 350만 명 정도가 참여한 이 운동으로 약 227톤의 금이 모였다. 그 금을 팔아 외화를 사 들였고, 전 세계적으로 유일무일한 운동으로 기록되었다.

요. 그래도 IMF는 딱 잘라 말했죠. "장기 투자는 곤란합니다."

부도가 났다는 것은 빌린 돈을 갚지 못해서 경제적으로 파산했다는 뜻이죠? 빌린 돈을 갚으려면 수익이 나야 하는데, 당장 수익이 나지 않을 때는 비용을 줄이라고 처방합니다. 단기간에 비용을 줄이는 방식 가운데 제일 효과가 빠른 것이 인건비를 줄이는 것, 즉 사람을 자르는 거예요. IMF는 한국 기업들에 강력한 구조 조정을 요구했어요. 단기간에 엄청난 실업자가 쏟아져 나왔다는 뜻이죠. 비용이 줄어들면 당장 빚을 갚을 수는 있겠지만, 실업자가 많아지면 기본적으로 그 나라 경제는 침체될 수밖에 없어요. 하지만 IMF는 딱 잘라 말합니다. "구제금융을 받고 싶으면, 구조 조정에 힘을 쏟으세요!"

이게 IMF의 방식이에요. 그래서 IMF로부터 구제금융을 받은 나라 가운데 다시 경제를 회복한 나라도 있지만 그렇지 못한 경우도 많아요. 그리스도 구제금융을 받았지만 그 돈을 갚지 못해 또다시 국가 부도의 위기를 맞았지요. 한국은 매우 특이한 사례예요. 우리는 2000년에 IMF에서 빌린 돈을 모두 갚았고, 2001년에 IMF의 관리에서 벗어났습니다. 아주 빠르게 회복했죠.

●— —

그런 역사가 있어서 우리나라에 외환 보유고가 많은 거군요. 3천억 달러면 엄청나게 많은 것 아닌가요?

●— —

IMF를 겪으면서 외환 보유고를 충분히 확보해야 한다는 생각이, 우리 정부에 강하게 입력된 것 같기는 해요. 사실 외환 보유고를 가지고 적극적으로 기술을 개발하거나, 공장을 짓는 일에 투자할 수도 있을 겁니다. 하지만 IMF 이후 우리나라는 외환 보유고에 많이 예민해질 수밖에 없어요. 지금은 이렇게 담담하게 이야기를 하고 있지만, 자고 나면 환율이 100원 씩 오르고, 멀쩡하던 재벌 그룹이 부도가 나고, 하루 아침에 실업자가 수도 없이 늘어나는 상황은 매우 공포스러웠어요.

●— —

외환 보유고랑 지나친 투자 말고도 다른 문제가 있었던 건 아닌가요?

이 모든 일은 한국 경제가 무역에 너무 크게 의존하고 있기 때문에 벌어진 일이기도 해요. 2008년을 기준으로 우리나라의 무역 의존도가 90퍼센트에 이른다는 보고가 있습니다. 무역 의존도는 우리나라 국민들이 벌어들인 소득 가운데 수출과 수입이 차지하는 비중을 말해요. IMF 사태가 터졌던 1997년에 50퍼센트 정도였던 것이 더 늘어난 겁니다. 외환 위기는 외국에서 발생했거나, 외국과 관련되어 일어나는 일이에요. 사실상 우리가 통제하기 어려운 부분이죠. 동남아시아의 경제 위기를 우리가 막을 수는 없잖아요. 하지만 이렇게 일이 터지면 엄청난 영향을 받게 되죠. 그런데 우리나라 무역 의존도가 90퍼센트까지 올라간 겁니다. 미국과 일본의 무역 의존도는 10퍼센트 내외라고 합니다. 이런 나라들에 비해 우리는 외부에서 발생하는 위기에 취약할 수밖에 없어요.

우리나라의 무역 의존도가 높아진 것은 경제 정책을 그렇게 잡았기 때문이에요. 수출을 하는 기업들에게 낮은 이자로 돈을 빌려주고, 보조금을 주기도 했죠. '경로의존의 법칙'이라는 것이 있어요. 갈림길에서 한번 방향을 정하면, 계속 그 방향으로 나갈 수밖에 없다는 얘긴데요. 한번 수출로 길을 정하고 혜택을 많이 주니까 계속해서 수출을 하는 방식으로 경제가 움직였습니다. 수출을 하려면 외국에서도 경쟁력이 있는 물건을 만들어야 하는데, 그러려면 외국의 기술과 원료와 돈이 필요했어요. 이렇게 되면 수입이 늘어나요. 들여온 것을 갚아야 하니

수출을 해서 달러를 벌어야 했죠. 수출을 많이 할수록 수입도 늘어나고, 결국 무역 의존도가 높아지게 된 겁니다. 그런데 무역 의존도가 심하게 높아지면 문제가 생겨요. 환율이 조금만 오르내려도 엄청나게 큰 영향을 받게 되는 거죠.

미국 달러의
존재감

무역 비중이 너무 높아도 문제가 생기네요. 그런데 교수님, 궁금한 게 있는데요. 우리나라 외환 위기 때 환율이 문제가 되었다고 하셨잖아요. 그런데 미국은 자기 나라 돈이 달러니까 미국은 이런 문제가 생기지 않나요?

●ーー

미국은 아마 우리 같은 일이 일어나지 않을 겁니다. 미국이 달러가 부족해서 위기를 겪기는 쉽지 않을 거예요. 설사 그런 일이 발생한다고 해도 걱정할 필요는 없죠. 달러를 찍어 내면 되잖아요. 어떻게 보면 참 불공평한 일이죠. 우리는 그 고생을 했는데, 미국은 그냥 돈을 찍어 내면 해결할 수 있다는 게…. 그런데 이 부분도 잘 들여다볼 필요가 있어요.

앞에서 화폐가 어떻게 생겨났는지 배웠죠? 금세공 장인에게 맡긴 금에 대한 보관증이 화폐의 시작이었다고 했어요. 이 이야기의 국제 확장판을 생각해 봅시다. 나라와 나라 사이에 가장 처음 이루어졌던 무역은 물물교환일 겁니다. 자기 나라에서 남는 물건을 배에 싣고 외국으로 가서는 그 나라에서 남는 물건으로 바꿔 오는 거죠. 처음에는 그럭저럭 교환이 됐겠지만, 점점 규모가 커지고 거래되는 물건의 종류도 많아지면서 이런 시스템으로 계속 거래하기가 어려워집니다. 그래서 어느 나라에서나 귀하게 대접받고, 나름 나라와 나라 사이에도 유통이 될 만한 것이 나타났어요. 바로 금이죠. 금화는 역사적으로 국제 화폐로 많이 쓰였습니다.

그런데 앞서 봤던 것처럼 금 대신 금과 바꿀 수 있는 증명서인 태환화폐가 등장했습니다. 엄청나게 편리한 제도인 이 태환화폐 제도는 국제 거래에도 적용할 수 있었어요. 주로 당시 가장 무역을 많이 하는 나라, 그러니까 강대국의 태환화폐를 금 대신 이용하면 되는 거죠. 지금도 그렇지만, 2차대전이 끝나고 나서 미국은 세계적인 강대국이 되었습니다. 전 세계 GDP의 절반을 미국이 차지했죠. 약간 과장을 하면 전 세계에서 만들어지는 상품의 절반을 미국 혼자 만들고 있었다는 이야기입니다. 미국의 달러는 가장 확실하고 안전한 화폐였습니다. 미국 달러를 주고받으면 안전하게 거래를 할 수 있었어요. 미국은 세계의 공장이자, 세계의 은행 역할을 할 만한 능력이 있었죠.

•－－

미국이 가졌던 힘 때문에 달러에도 힘이 실린 거군요.

그렇죠. 미국 달러가 특별한 지위를 차지할 수 있었던 것은, 미국의 힘이 특별했기 때문이에요. 그리고 미국은 달러를 가지고 새로운 일을 하려는 의지를 보여 주었습니다.

비교우위론에 따른 자유무역은 효용을 늘리는 좋은 방법이라고 했죠? 독일이나 일본같이 늦게 산업화를 한 나라들은 초기에 보호무역을 통해 자국의 산업을 발전시켰다고 했습니다. 그런데 이들 나라는 식민지가 많지 않았어요. 더 일찍 산업화를 했던 영국이나 프랑스는 식민지가 엄청 많았죠. 이들은 식민지에서 들여온 싼 원자재를 가지고 공장에서 물건을 찍어 낸 다음 다시 식민지에 팔았습니다. 식민지가 많지 않은 독일과 일본은 기술력을 바탕으로 이들 식민지에 물건을 수출했구요. 그런데 이 와중에 대공황 사태가 터진 겁니다. 다급해진 영국과 프랑스는 자국과 거대한 식민지를 하나로 묶어서 관세를 올렸어요. 이렇게 되니 독일과 일본은 이들 식민지나 영국과 프랑스에 수출을 하기가 어려워졌습니다. 물론 영국과 프랑스 기업들은 보호무역을 통해 보호를 받았구요. 불만이 쌓인 독일과 일본은 식민지의 필요성을 절감했고, 결국 이것이 2차대전이 발발한 이유이기도 합니다. 독일이나 일본은 보호무역으로 성장했지만, 다른 나라들이 펼친 보호무역 정책으로 큰 피해를 봤고, 지나친 보호무역 정책은 비극적인 전쟁까지 일으킨 거죠.

2차대전이 끝나자 미국과 영국 같은 승전국들은 자유무역의 필요성을 느끼게 되었습니다. 지나친 보호무역 정책 때문에 전쟁까지 일어난 과거를 반성하고 자유로운 무역을 통해 전쟁을 막자는 정치적인 계산이 깔려 있었죠. 미국은 전 세계를 대상으로 금세공 장인의 금고 역할에 나서게 됩니다. 전 세계 사람 그 누구든 미국 돈 35달러를 가지고 오면, 금 1온스(28.3g)와 바꿔 주겠다고 한 거예요. 이게 바로 달러의 금태환 제도입니다.

그리고 여기에 한 발 더 나아가 고정환율 제도를 펼쳤죠. 각 나라의 화폐와 미국 달러의 교환 비율을 고정시켜 버린 거예요. 예를 들어 언제든, 무슨 일이 있든 한국 돈 1,000원은 미국 돈 1달러와 교환된다고 정해 버린 겁니다. 이렇게 되면 전 세계 사람들은 매우 안정적으로 무역을 할 수 있게 돼요. 미국 달러를 기준으로 하면 쉽게 계산해서 교역을 할 수 있을 뿐 아니라, 그 돈을 달러로 바꾸게 되면 금이라는 매우 안전한 자산을 보장받을 수 있거든요. 게다가 미국은 전 세계에서 생산되는 가치의 절반을 혼자서 생산하는 엄청나게 거대한 나라였어요. 걱정할 필요가 없었죠. 미국이 자유로운 국제 무역을 보장했던 이 시스템을 '브레튼 우즈 체제'라고 합니다.

●——

그럼 지금도 브레튼 우즈 체제인가요?

●——

물론 지금은 아닙니다. 브레튼 우즈 체제에서 문제가 발생했거든요. 브레튼 우즈 체제가 시작될 때만 해도 미국은 압도적으로 잘 나가는 나라였어요. 하지만 곧 다른 나라들의 추격이 시작되었습니다. 독일이나 일본이 대표적이었죠. 이 나라들에서 좋은 품질의 공산품들을 저렴한 가격으로 생산하기 시작했습니다. 당연히 미국에도 수출을 많이 했죠. 그러면 자연스럽게 미국은 무역 적자를 보게 됩니다. 수입 금액이 수출 금액을 초과한 거죠.

이렇게 미국이 적자를 보는 상황이 계속되었습니다. 적자를 본다는 것은 미국의 달러가 다른 나라 금고에 많이 쌓이게 된다는 뜻이고, 그러면 유통되는 달러가 부족하게 됩니다. 그런데 미국 달러는 금하고 바꿔 줘야 하니까 필요하다고 막 찍어 낼 수가 없어요. 그래서 정작 미국 내부에 달러가 부족한 상황이 오게 된 거죠. 그러면 미국 정부는 세금을 많이 걷을 수도, 많이 쓸 수도 없어요. 거시경제학에서 배웠던 재정 정책을 쓸 수 없게 됩니다. 경기가 나빠지면서 실업자들이 엄청나게 많아졌습니다. 그런데 미국 정부는 재정 정책을 쓸 수 없으니 경기가 나빠져도 실업자를 줄일 수 없어요. 이런 식으로 미국의 손해가 점점 커지기 시작했습니다.

미국 경제의 규모가 엄청나게 컸던 때는 사실 이 정도는 커버할 수 있을 거라고 미국도 생각했습니다. 그런데 점차 다른 국가들의 경제 규모가 커지면서 이 사태를 감당하기 힘든 수준이 되어 갔어요. 게다가 미국은 베트남 전쟁까지 치르게 됩니다. 전쟁을 하게 되면 엄청나게 많은 돈이 필요합니다. 돈이 나올 구석은 없고, 적자가 계속되자 1971년 미국은 브레튼 우즈 체제를 포기합니다. 더 이상 미국은 달러를 금으로 바꿔 주지 않기로 했고, 고정환율 제도도 포기했어요. 그러면서 미국은 미국이 필요한 만큼 돈을 찍어 낼 수 있게 되었고, 변동환율 제도의 효과를 볼 수도 있게 되었습니다.

●——

변동환율 제도가 뭔가요? 고정환율 제도의 반대말인 것 같긴 한데 잘 모르겠어요.

●——

변동환율 제도는 말 그대로 환율이 그때그때 자유롭게 바뀌는 걸 말해요. 미국산 볼펜이 한 자루에 1달러, 독일산 볼펜이 한 자루에 1마르크라고 합시다. 당시 독일은 마르크화를 썼거든요. 독일은 좋은 기술력을 바탕으로 미국산 볼펜보다 훨씬 질이 좋은 볼펜을 생산합니다. 미국 사람들은 당연히 독일 볼펜을 사서 쓰겠죠. 독일 볼펜 회사는 미국 달러를 많이 벌어 가고, 미국 볼펜 공장은 문 닫을 위기에 처합니다.

그런데 환율을 고정하지 않고 외환시장의 수요와 공급에 따라 환율이 달라진다면 어떻게 될까요? 그러니까 변동환율 제도가 시행된다고 생각해 봅시다. 독일이 볼펜 무역을 통해 흑자를 보면 독일 마르크화의 가치는 높아집니다. 그리고 미국 달러가 독일에 많이 들어올 테니 달러의 가치가 내려갑니다. 고정환율 제도가 시행될 때는 1마르크를 주면 1달러를 살 수 있었지만, 변동환율 제도 때문에 환율이 달라지면서 달러 가치가 낮아지니까 1마르크를 주면 2달러를 살 수 있게 되는 거예요. 그러면 미국 물건이 다시 독일 시장에서 경쟁력을 가지게 됩니다. 전에는 1마르크를 주면 1달러짜리 미국산 볼펜 한 자루를 살 수 있었는데, 이제 두 자루를 살 수 있게 된 거잖아요. 그러니까 미국산 볼펜이 독일산 볼펜보다 질이 조금 떨어져도 가격 경쟁력에서 우위가 생기는 거예요. 변동환율 제도가 무역 적자 문제를 해결해 줄 수 있다는 얘기죠.

●——

　환율만으로 경제 상황이 달라지네요. 뭔가 마술 같아요.

●——

그렇죠. 환율이 고정되어 있으면 무조건 1마르크는 1달러로 교환됩니다. 그러니까 미국의 질 낮은 볼펜은 독일에서 무조건 1마르크에 팔리게 되는 거예요. 질이 낮으니 볼펜이 안 팔릴 테고, 미국 볼펜 회사는 결국 망하겠죠.

●——

　그런데 왜 아직도 미국 달러가 그렇게 큰 힘이 있는 걸까요?

●——

부자가 망해도 3년은 간다고 하죠. 여전히 미국은 강력한 나라예요. 강한 정치력, 군사력, 경제력을 가지고 있죠. 종잇조각에 불과한 미국 달러가 금 덩어리와 같은 가치를 지녔던 것도 불과 얼마 전 일이에요. 전세계 사람들에게 여전히 미국 달러는 가장 안전한 자산이에요. 적어도 미국 정부가 보장하고 있는 통화니까요. EU의 유로화나 새롭게 부상하는 중국의 위안화가 미국 달러의 지위를 노리고는 있지만, 미국 달러는 아직도 강력하죠. 대부분의 통계도 아직까지 미국 달러를 기준으로 작성되잖아요.

> 국제경제는 생각해야 할 것들이 많네요.

하하하. 너무 어렵게 생각할 필요는 없어요. 미시경제학과 거시경제학도 마찬가지예요. 복잡하게 생각하면 한없이 복잡해져요. 하지만 결국 그 모든 것은 우리가 매일매일 살아가는 시간들로 채워져 있습니다. 국제경제도 마찬가지예요. 나라와 나라 사이에 왜 거래를 하는지, 거래를 할 때 어떤 조건에서 하는지를 살펴보는 것이 전부죠. 복잡한 개념보다는 실제 상황을 대입해 보는 것이 이해하는 데 더 쉬울 겁니다.

무역에 지나치게 의존하는 것은 문제지만, 무역을 하지 않고 혼자서 존재할 수 있는 나라는 거의 없어요. 꼭 필요한 물건이 나지 않아서 하는 무역도 있지만, 효용을 좀 더 많이 얻기 위해서 하는 무역도 있습니다. 비교우위론에 따른 자유무역이 대표적인 사례겠죠. 하지만 완벽한 정답이 있는 것은 아니에요. 비교우위론에 따른 자유무역만이 정답은 아니죠. 때에 따라서는 유치산업 보호를 위한 보호무역이 필요하기도 합니다. 이건 FTA도 마찬가지예요. 단순히 FTA를 찬성할 것이냐 반대할 것이냐가 문제의 핵심이 아닙니다. 우리에게 이득이 될 것인지, 이득이 된다면 특정한 사람에게만 이득이 될 것인지, 아니면 가능한 한 많은 사람들에게 이득이 될 것인지를 고민해야 하고, 피해를 보는 사람들

국제도서전 현장. 책도 중요한 국제 무역 상품이다. 이전에는 외국의 책을 수입하는 게 주였지만 요즘 우리나라 책들이 전 세계 곳곳으로 수출되는 희소식들이 들려오고 있다.

을 어떻게 도와줄 것인지에 대한 대책도 함께 마련되어야 할 것입니다.

　국제경제에 대해 정확하게 알기 위해서는 국제기구들의 역할이나 환율 같은 국제경제의 기본적인 규칙에 대해서 알 필요가 있어요. 그런 것에 둔감했던 우리나라는 IMF 외환 위기라는 엄청난 고통을 겪었죠. 그 영향은 지금도 남아 있어요. 당시에 외국에 팔려 나간 우량 기업들과 은행들이 많거든요. 안타까운 일이죠. 이런 역사에 대해 꼼꼼히 알아 두면 경제학이 현실적으로 다가오고, 뚝뚝 끊기는 게 아니라 하나의 흐름으로 읽힐 거예요.

4부에서는 나라와 나라 혹은 나라와 IMF 같은 국제기구 사이의 경제를 살펴봤습니다. 언뜻 보면 먹고 사는 일과 거리가 좀 있어 보일 수 있는 내용이기도 합니다. 용어도 어렵고, 일단 외국 돈과 한국 돈이 뒤섞이기 시작하면 복잡하다는 느낌이 확 들 수도 있지만, 지금 우리나라 경제에서 무역이 차지하는 비중은 압도적으로 높아요. 이 말은 여러분이 학교를 졸업하고, 본격적으로 경체의 주체가 되기 시작하면, 어떤 식으로든 무역과 관계를 맺을 가능성이 높다는 뜻입니다. 다른 말로 하면 우리 일상에 환율이나 무역, 국제기구가 알게 모르게 영향을 많이 주고 있다는 뜻이기도 합니다. 우리가 가게에 가서 물건을 사고 돈을 내는 일보다는 훨씬 복잡하지만, 경제적으로 손해를 보지 않으려는 사람들이 서로 영향을 주고받는 일이라는 생각을 하면서 공부하면 충분히 이해할 수 있을 겁니다.

자, 지금까지 경제학의 바다에 발을 담가 봤습니다. 설명을 들어 보니까 경제학이 어떤 것 같아요? 여전히 어려운가요? 학교에서 경제를 배울 때는 경제 개념의 기원과 맥락에 대해 설명을 들을 시간이 충분하지 않아서 이해하기 어려운 부분이 많았을 거예요. 그래서 여러분이 궁금해하는 내용을 자세하게 풀어 보려고 했어요.

이 책을 통해 경제학의 모든 것을 꿰뚫을 수는 없어요. 다만 경제라는 어려운 단어 속에 꽁꽁 숨어 우리를 힘들게 했던 경제의 역사적인 기원과 개념을 조금이나마 이해할 수 있었으면 좋겠네요. 그리고 경제라는 영역에 대한 오해를 풀고 재발견하는 시간이었으면 좋겠어요. 앞으로도 경제 공부를 할 때, 경제 뉴스를 볼 때 경제 개념이 어떤 기원과 맥락을 가지고 있나를 집중해서 보면 공부하기가 더 재미있고 이해가 빠를 겁니다. 사실 경제 공부뿐만 아니라 모든 공부가 그럴 겁니다. 그냥 무턱대고 외우지 말고 '왜?'라고 묻고 그 속에 숨은 역사를 찾아내다 보면 시간은 좀 걸리더라도 그 시간 자체가 흥미진진해질 거예요. 질문이 답을 바꾼다는 말이 있잖아요. 여러분이 던지는 질문들이 답을 바꾸고 세상을 바꿀 거라고 믿습니다. 공부하는 우리 모두의 건투를 빕니다!

개념 정리

자유무역협정(Free Trade Agreement, FTA)
국가와 국가 사이에 자유무역을 하기로 약속하는 것을 말합니다. 이 협정을 맺게 되면 두 국가 사이에서 무역을 할 때 관세와 무역 장벽을 없애야 합니다. 무역 장벽은 내수 산업에 보조금을 준다든지 특혜를 주어 보호하는 일을 말하는데, 이런 것을 할 수 없게 되죠. 이렇게 되면 두 나라 사이에 무역 거래가 활발해지고, 자유로운 무역이 가능해집니다.

비교우위론(comparative advantage, 比較優位)
상품을 생산하는 각 나라의 상황은 모두 다릅니다. 예를 들어 한국에서는 커피를 재배하기 어렵지만 브라질에서는 커피를 싸게 재배할 수 있습니다. 반대로 한국에서는 휴대폰을 잘 만들 수 있지만 브라질에서는 아직 기술이 부족해요. 이렇게 한 나라가 다른 나라에 비해 생산에 유리한 상품들이 있을 경우 절대우위에 있다고 합니다. 한국은 브라질에 휴대폰을 수출하고, 브라질은 한국에 커피를 수출하면 더 저렴한 가격으로 더 많은 상품을 소비할 수 있죠. 한편 두 나라를 비교했을 때 한 나라가 모두 유리한 경우가 있습니다. 한국은 자동차를 잘 만들지만 미국도 자동차 산업이 발달했습니다. 미국은 농사를 지을 땅이 넓어 밀농사를 크게 지을 수 있지만 한국은 밀을 재배하기 어렵습니다. 이 경우 한국은 미국에 비해 자동차는 엇비슷하고 밀농사는 많이 밀리죠. 그렇다고 하더라도 한국은 비교적으로 우위에 있는 자동차를 생산해서 무역을 하는 것이 도움이 된다는 것이 비교우위론입니다. 데이비드 리카도(1772~1823년)가 개념을 정립했습니다.

특화(specialization, 特化) 어떤 나라가 자기에게 좀 더 유리한 것을 생산하기 위해 한 부분에 자원을 집중하는 것을 말합니다. 이럴 경우 절대우위와 비교우위에 따른 무역을 통해 이득을 얻을 수 있습니다.

관세(tariff, 關稅) 국제 무역에서 거래되는 상품에 부과하는 세금입니다. 보통 수입국이 수입하는 상품에 대해 부과합니다. 가장 대표적으로 실시하는 보호무역 정책입니다.

브레튼 우즈 체제(Bretton Woods System)
1차대전이 끝나고 승리한 국가들은 전쟁에서 진 독일에 상당한 금액의 전쟁 배상금을 물렸습니다. 전쟁에서 지고, 엄청난 액수의 전쟁 배상금가지 물게 된 독일의 경제는 피폐해졌습니다. 이런 혼란스러운 상황에서 히틀러의 나치당이 독일 국민들의 지지를 받아 정권을 잡고, 불과 30여 년 만에 다시 2차대전을 일으켰습니다.
또 다시 비극적인 전쟁이 일어나는 것을 막고, 전세계 모든 국가들이 고르게 발전하게끔 만든 제도가 브레튼 우즈 체제입니다. 2차대전이 끝나기 직전인 1944년 미국 브레튼 우즈라는 곳에 모인 44개 연합국 책임자들이 새로운 통화협정 체제를 만들었습니다. 이에 따라 국제통화기금(IMF), 국제부흥개발은행(IBRD), 관세 및 무역에 관한 일반협정(GATT)이 만들어집니다. 각 나라 화폐의 가치를 안정적으로 유지시키고, 국가들 사이의 무역을 촉진하고, 저개발국가를 지원하는 것이 목표였죠.

이에 따라 국제통화기금은 미국의 달러를 기축통화(무역을 할 때 기준이 되는 화폐)로 금본위제에 기초한 고정환율 제도를 운용합니다. 각 나라의 화폐와 미국 달러가 교환되는 비율을 확정했고, 그렇게 교환되는 미국 달러를 금으로 바꾸어 주는 제도를 실시해 안정감을 주었죠. 더불어 각 나라에서 기금을 모아 각 나라가 긴급하게 금융 위기를 맞을 때 지원을 해 주는 일도 합니다.

국제부흥개발은행은 개발도상국의 경제가 성장할 수 있도록 자금을 빌려주는 일을 합니다. 우리나라도 한국전쟁이 끝나고 폐허가 되었을 때 국제부흥개발은행에서 자금을 빌려 산업화를 하는 데 사용했습니다.

관세 및 무역에 관한 일반협정은 자유무역을 촉진하기 위해 각 나라의 무역장벽을 낮추는 일을 했습니다. 대공황 당시 식민지가 있던 영국, 프랑스나 자국의 영토가 넓고 남아메리카에 영향력이 있었던 미국 같은 나라들은 강력한 보호무역을 실시해서 어느 정도 위기를 극복할 수 있었습니다. 하지만 식민지 없이 수출과 수입, 즉 무역으로 경제를 꾸려 가던 독일이나 일본 같은 나라들은 경제가 매우 피폐해졌죠. 이 때문에 2차대전이 일어났다는 분석이 있습니다. 여기에 각 나라들이 복잡하게 무역을 하면 전쟁을 하지 않을 거라는 견해도 있었습니다. 외국과 물건을 서로 사고파는 과정에서 받아야 할 돈이 묶여 있으니, 사람들이 정부가 전쟁을 하게 그냥 두지 않을 것이라는 것이죠. 그래서 자유무역을 촉진할 필요가 있었습니다. 관세 및 무역에 관한 일반협정은 이런 이유로 각 나라의 무역장벽을 낮추는 일을 합니다.

브레튼 우즈 체제는 국제통화기금, 국제부흥개발은행, 관세 및 무역에 관한 일반협정, 이 3가지를 중심으로 1970년대까지 자본주의 국가들의 경제 성장을 이끌다가 문을 닫습니다. 이 3가지가 제대로 운용될 수 있게 뒷받침하던 미국 경제가 나빠지기 시작했기 때문입니다.

국제통화기금(International Monetary Fund, IMF) 브레튼 우즈 체제의 핵심 축으로 1944년 출범했습니다. 초기에는 국제통화 질서를 안정화 것이 주요 목표였지만, 나중에는 각 나라 정부들이 재정 적자 등으로 위기를 겪을 때 긴급 대출을 해 주는 것으로 주요 역할이 바뀌었습니다. 보통 긴급 대출을 해 줄 때 각 나라 정부에게 돈만 빌려주는 것이 아니라, 어떤 방식으로 위기를 극복할 것인지에 대한 매뉴얼을 제시합니다. 그 계획대로 하지 않으면 돈을 빌려주지 않습니다.

보통 국제통화기금의 목표는 정부의 지출을 줄이고, 시장의 자율성을 높이고, 자유무역을 할 수 있게 무역 장벽을 낮추는 것입니다. 이런 계획이 효과를 보기도 하지만 많은 경우 복지정책을 축소시키거나, 유치산업 보호정책을 무너뜨려 외국 기업들이 승승장구할 수 있게 돕는 결과를 야기하는 경우도 많습니다. 그 결과 그 나라의 경제가 계속 나빠지는 결과를 낳기도 하며, 이에 대한 비판을 받기도 합니다. 한국도 1997년 국제통화기금에서 긴급자금 지원을 받았습니다.

고정환율 제도와 변동환율 제도(fixed exchange rate system, flexible exchange rate system) 브레튼 우즈 체제의 큰 특징 가운데 하나가 고정환율 제도입니다. 고정환율 제도로 인해, 미국 달러를 기준으로 전 세계의 화폐 교환 비율이 고정되어 있었습니다. 환율이 안정되어 있었기 때문에 각 나라들은 안정적으로 국제 무역을 활발하게 할 수 있었고, 경제가 크게 발전할 수 있었습니다.

이런 고정환율 제도가 계속 유지되려면 기준이 되는 달러가 안정되어 있어야 했습니다. 하지만 미국이 베트남전에 엄청난 돈을 쏟아부으면서 미국 정부의 적자가 커졌고, 독일이나 일본 같은 전통적인 기술 강국들이 급격하게 산업을 발전시키면서 미국 상품의 국제 경쟁력이 떨어져 무역에서도 큰 폭으로 적자를 보게 되었습니다.

미국은 결국 고정환율 제도와 달러를 금과 바꾸어 주던 금본위제를 포기하고, 변동환율 제도를 선언했습니다. 각 나라의 화폐가 거래되는 외환시장에서 환율이 결정되는 순수한 변동환율 제도를 시작했지만, 여전히 각 나라 정부들은 급격한 인플레이션 방지와 무역에서 환율 변동으로 인해 발생하는 손해를 줄이기 위해서, 정부가 일정 부분 관리하는 관리변동환율 제도(managed flexible exchange rate)를 채택하고 있습니다.

금본위 제도와 금태환 제도(gold standard system, 金本位制度 / gold exchange system, 金兌換制度) 금세공 장인의 보관증에서 화폐가 시작되었고, 이것은 이후 금융의 기본 운영 원칙이 되었습니다. 예전에는 많은 나라들의 중앙은행은 중앙은행 금고에 보관되어 있는 금의 양만큼만 화폐를 발행할 수 있었습니다. 이것을 금본위 제도라고 합니다. 국가가 법적으로 화폐 단위의 가치를 일정량의 금으로 규정하고, 국민들이 이를 가치의 척도로 삼아 가격을 계산하는 체제를 말합니다. 그리고 이런 금본위 제도에 의해 발행된 화폐를 지닌 사람이 은행에 가서 화폐만큼의 금을 달라고 요청했을 때 실제 금으로 바꿔 주는 제도를 금태환 제도라고 부릅니다.